Jewish
Education
Law

Adversity Quotient · Learning Power · Mensch · Collaboration · Economic Literacy · Creativity

Jewish
Education
Law

猶太爸媽這樣教

培育孩子的6大未來能力

打造獨立思考、自主學習、善於合作的下一代

부모라면 놓쳐서는 안 될 유대인 교육법

평범한 아이도 미래 인재로 키우는 유대인 자녀교육 6가지 키워드

林志垠（임지은）——著　蔡佩君——譯

推薦序

猶太人能不斷成功的祕訣，就藏在他們的思維之中

韓國社會過去七十年來以驚人的速度快速發展，但是近年卻開始面臨到停滯期，許多人開始驚覺那套打造出「漢江奇蹟」的韓國經濟成長模式已經不再適用。

多數的海外經濟學者與專家認為，韓國能創造漢江奇蹟的原因，來自於受過優良教育的人力資源。由於韓國面臨天然資源不足的情況，因此每個社會成員的知識能力與水平，將會決定韓國整體的經濟、社會與文化地位。

然而為了將來，我們現在有好好地進行教育嗎？有為第四次產業革命做準備嗎？答案是「並沒有」。我們的教育仍然反覆卡在過往工業化時代那種呆板的死記硬背與解選擇題的狀態，我們並不能期望延續舊時代的教育，會讓整體的社會狀況好轉。

然而其他國家早已搶先一步在為新時代做準備。當我們走出舒適圈，放眼望去韓國社會以外的地方時，哪個群體或社會會先吸引你的注意？又是哪個民族或群體一直不斷創造成功？這個世界有許多的國家與民族，每個地方都有自己獨特的成就與偉大之處，但是從客觀角度來看，猶太人不論在政治、經濟、文化領域都有卓越的表現，而且有無數猶太人皆在人類歷史留下重大足跡，至今仍持續不斷。

我從二〇一〇年開始就跟猶太人一起工作，一開始是從事以色列手機教育平臺企業的韓國CEO，後來又在Yozma Group Korea裡接觸到許多韓國與以色列的相關人士，時常到訪以色列。

由於這是反映猶太人思考方式的教育平臺，所以能夠充分近距離接觸到他們的思維，而他們的思維非常適合培養第四次工業革命所需的創造力與解決問題的能力。其實他們的思維並沒有什麼偉大的祕訣，了解之後甚至會覺得都是些基本常識，不過重點是他們將這些思維實踐在家庭與學校裡面。

美國的 Google、Facebook 等頂尖ＩＴ產業都是由猶太人所主導，且以色列又被稱為「創業之國」。按照以色列的人口比例計算，他們的創業數量、專利數量，以及博士學位持有數等，全都排名世界第一，納斯達克的上市公司數量則是僅次於美國與中國之後，在人工智能（ＡＩ）產業的水準方面僅次於美國，與中國並駕齊驅。對於一個人口僅有九百萬的國家而言，真的是非常了不起。以色列是一個革新企業如雨後春筍般掘起的國家，也是一個金雞母之國。

過去十年跟猶太人一起共事的經驗，讓我知道這個現象在未來也會延續，真是令人稱羨。猶太人能夠不斷成功的祕訣，就藏在他們的思維裡，而這些都是透過猶太社會中的歷史洪流所流傳至今，不管身處美國、歐洲還是以色列等國家，這都是猶太社會裡流通的思考方式。

當看到林志垠作者出版猶太人思維與教育方式的書籍時，我欣喜若狂。期待本書能夠為許多父母與教育工作者提供未來教育與人才相關的洞察。多年來，我跟作者一起參加讀書會，閱讀及探討了各式各樣的書籍。這本書融合了她在多年記者生涯中累積的文筆、知識，加上海外的生活經驗，作為傳達給父母意義深遠的教育訊息，非常值得一讀。

蔡昌煥
以色列投資專家、國際律師

前言

擺脫「讀書」至上主義吧！

「有個非洲原始部落一直生活在某江邊附近。但某天，白種人突然出現，開始在江的上流建造大壩。一旦大壩建造完成，江水就會因此乾枯，原始部落的居住環境也會產生極大的變化，但是部落的族人們卻對其毫無察覺，依然教導他們的子嗣如何捕魚、造舟、捕獵、種植。結果當大壩完成之際，這個部落與他們的文明，就這樣不著痕跡地消失在世界上。」

這是著名的未來學家艾文・托佛勒（Alvin Toffler）所假想的劇本。那群即便上流正在建造大壩，在興建過程中仍無危機意識的原始部落族人，身處在原始生活逐漸消逝的危機，卻依然用固有的方式教育子女，不就是我們的縮影嗎？這讓我想起了進化論奠基人查爾斯・達爾文（Charles Robert Darwin）所說過的話：「最終能生存下來的物種，不是最強的，也不是最聰明的，而是最能適應改變的物種。」

我們正在跨越技術進化的歷史變遷點，先前搭載著自我深度學習技術的「阿爾法圍棋（AlphaGo）」贏過人腦代表李世乭一事，只不過是序幕而已。其實人工智能已經在自動駕駛、機器人、智慧住宅、手機、通訊工具、金融投資諮詢、新藥品開發與疾病診斷等各方面，逐漸深入我們的生活，專家表示AI超過人類智能的奇異點（Singularity）將發生於二〇四五年。在不遠的將來，無數過去既有的工作將會被機器人所替代，而且將會產生無數的新興職業。無人機、3D列印、物聯網、虛擬實境、擴增實境等尖端技術將會以高速進行發展。

面對我們無法想像的世界，要如何才能培養出能在其中生存的「新人類」呢？面對不確定的未來，父母們肯定非常心慌意亂。我也同時要面對工作和育兒，這當中讓我最為苦惱的部分就是教育了。就算嘴裡說著相信自己的孩子，身為媽媽還是無法心安。如果想在這種以考試決定優劣的教育中成為「勝利者」，那麼比別的孩子更早開始學習，肯定會更有利。隨著孩子逐漸長大，去補習班、培訓機構、讀書討論學院的孩子也越來越多，現實就是，孩子不但沒有玩耍的時間，連運動都要在補習班裡做。

但是我想要以不一樣的方式來教育我的孩子，我自己已經體會過那種被送去超齡學習，要比別人更快學習、背誦、考試，然後反覆忘記又重新看書的局限感。出了社會之後才知道，所謂的名校跟履歷不過只是為了進公司的一種工具，其餘什麼都算不上。假如人生中需要的技能有一百種，那麼我們卻只以「學習」作為唯一標竿來評斷我們的孩子，這樣對嗎？領導、品性、溝通能力卻只被看作是可有可無的東西。但事實上，**國際企業們早就開始重視獨特的創造力、與他人的溝通及合作能力、批判性思考、智慧與謙虛等各項能力，他們想要的不再是「自我聰明」的人，而是「能夠一起工作的人」，所選擇的也是「擁有思考能力」的人。**

我跟另一半都對於韓國一貫的填鴨教育抱持著懷疑的態度，在探索未來人才教育的過程中，我們把家園遷移到巴西，也因此與猶太教育法相遇。在廣闊的巴西中人口只占少數的猶太人，憑藉著他們獨特的教育方式，在巴西社會裡占有一席之地。我在收集猶太教育相關資料的過程，以及和猶太人實際相處過後，只能對其讚嘆不已。因為面對ＡＩ時代與未來教育，先進國家的教育系統基本上就是複製猶太教育的核心概念。

傳承五千年的猶太教育法中，藏著能夠教育未來人才的所有要領。我敢肯定的是，猶太人並非生而聰明，而是被教育得聰明。猶太人從小就被教育，「學習」是一件美好的事，以至於他們一輩子都在學習、閱讀及探討，將這一切生活化，並且**在閱讀、討論及辯論的過程中，培養「思維能力」。他們不執著於過去的學說、權威或年齡，源源不斷地提出質疑，不把任何東西視為理所當然。「不斷提問」成為他們創造力的來源。**

不僅如此，他們依照每個孩子的特性進行教育，讓每個孩子都不落人後，有一百個孩子，就把一百個孩子都培養成第一名。猶太人的孩子之間**絕對不互相比較**，比起「best」他們更注重「unique」，他們認為找到孩子的長處對其進行培養，是身為父母的職責，**他們的教育不著重在比別人「更優秀」，認為「與眾不同」才**

是更重要的。比起結果，他們更加重視過程，他們強調失敗是珍貴的經驗和過程，孩子們在鼓勵失敗的氛圍中成長，培養出不斷挑戰、奮戰到底的精神，並且在這個過程中獲得對自我的信任與自信。

擁有著流浪民族DNA的他們，被培養成在任何情況下都能適應生存的強者。猶太人度過兩千餘年沒有國家、四處漂泊的日子，但是因為他們正確的經濟教育，才得以讓他們停留過的每個地方都能夠擁有繁榮的經濟。猶太孩子從小就透過做家事來賺取零用錢。當孩子在成人禮上收到大筆金錢，他們會教導孩子將這筆錢以股票、債券、儲蓄等方式分散投資，藉此告訴他們「何謂金錢」。

猶太人把慈善視為是神所留下的義務，因此他們的孩子從小就會捐款到慈善箱裡，他們投過慈善來實踐「Tikkun olam」——讓世界更美好的信念。有許多猶太人都是隱身幕後的大慈善家，與此同時，孩子的心中也深信體貼別人的善行會為自身帶來幸福的人生真理。而且他們非常固守安息日，藉此讓自己擁有思考與充電的時間，透過與家人之間的對話獲得情緒上的支持。

愛因斯坦（Albert Einstein）、愛迪生（Thomas Alva Edison）、佛洛依德（Sigmund

Freud）、馬克思（Karl Marx）、羅斯柴爾德（Rothschild）、洛克斐勒、喬治・索羅斯（George Soros）、史蒂芬・史匹柏（Steven Allan Spielberg）、馬克・祖克柏（Mark Elliot Zuckerberg）、賴利・佩吉（Larry Page）、謝爾蓋・布林（Sergey Brin）、麥克・彭博（Michael Rubens Bloomberg）……這些出色的人物都是猶太人。在人類歷史上留下偌大足跡的「猶太力量」依然是現在進行式，就像我先前提過的，他們大學畢業生裡有百分之八十到九十的人選擇創業，是個名副其實的「創業之國」，在美國矽谷中，由於猶太力量過於龐大，甚至出現了「J-Connection（猶太人際鏈）」的陰謀論。不僅如此，諾貝爾得獎者約有百分之三十都來自於美國常春藤盟校，而且三分之一以上都是猶太人。我認為具有創造力與溝通能力的猶太人，在未來只會更加強大。

以色列與韓國有很多共通點，在狹小的國土之下，唯一擁有的只有人力資源，在世界教育狂熱方面也是不分軒輊，在海外甚至稱韓國人為「東方猶太人」，但是在教育的結果面上卻令人感到惋惜。猶太人正在打造一個將每個人都教育為「創意特種兵」的社會，壯大猶太民族的力量。占全世界人口僅有百分之零點二的猶太人，成為了世界最強的人才庫。而我寫下的這本書，就是歷經五千年甚至到未來，屬於猶太人的「人才教育寶典」。我相信不只我自己孩子的未來，整個國家的未來都與教育息息相關，不論如何我都希望這本書能夠成為父母的指南針，進而照亮孩子的未來。

我不是猶太人專家，更不是猶太人至上主義者，只是因為我研究了他們的教育方式，認為其中有很多我們可以效仿的地方，希望我們的社會能夠接受這些想法。其實在現實層面上，要實踐猶太人的家庭教育並不是這麼容易，枕邊讀書、餐桌談話、哈柏露塔式討論……，我很擔心這可能會對忙碌的父母造成更多心理負擔，我也覺得自己跟孩子面對面閱讀及對話的時間總是不夠多。但是我相信父母如果能把孩子視為一個獨立個體予以尊重，配合孩子的個性一同成長，一定能夠將孩子引導到好的地方。所以我至今仍像猶太父母一樣，不斷地詢問我的孩子：「你怎麼想？」我寫這本書的目的，是留時間讓我能了解並重新教育自己，要享受不間斷地學習，擁有承受失敗的勇氣，在低落時能夠用笑容與樂觀的態度輕鬆度過，不要與外界比較，而要集中心力在自己身上，不論如何都不能失去自我。我真的非常感謝，同時也希望我能在讓這世界更美好的路上，盡一份小小的心力。

足球教練、科學家、找到恐龍化石的考古學家、作家、畫家、建築家……我的孩子泰允總有好多夢想，感謝我身邊總是開心又溫暖的老公洪相範，我想在此表達我對你的愛意。

感謝媒體森林的金英順代表以及李教淑總編輯幫我把這本書從原稿做成一本像樣的書籍，請容我向你們致敬。感謝蔡昌煥前輩在忙碌中抽空仔細閱讀本書，幫我寫推薦序，我欠你一個人情。在這本書問世以前，我的婆家和娘家、親朋好友以及前後輩都不吝給予我建議與鼓勵，這些人情我會在餘生中慢慢還的。這本書獻給教育者、輿論家、曾為詩人的外公以及金泰洪老師。

作者　林志垠

目錄 content

未來能力2

不用「比別人優秀」而是要「與他人不同」

猶太人的創造力及性格教育

未來能力3

AI時代必備的能力

猶太人的品性教育

未來能力4

與任何人都能自然相處的方法 猶太人的溝通教育

未來能力5

逆境使孩子堅強 猶太人的逆境教育

未來能力6

培養孩子的經濟思維 猶太人的經濟教育

猶太人並非生而聰明，而是被教育得聰明。
他們的教育方法正是所謂的哈柏露塔。

未來能力 1

享受學習的孩子

猶太人對於學習的態度

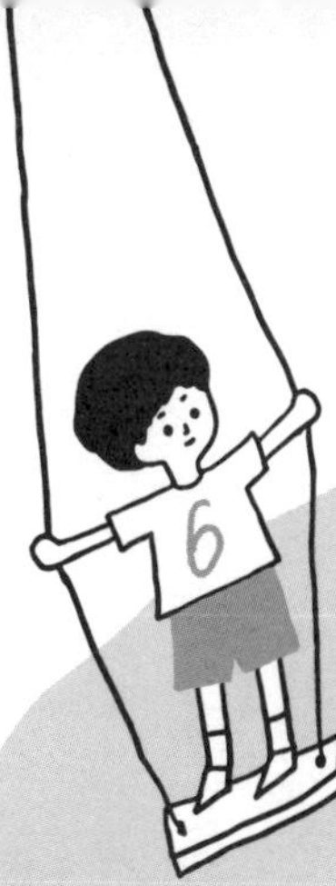

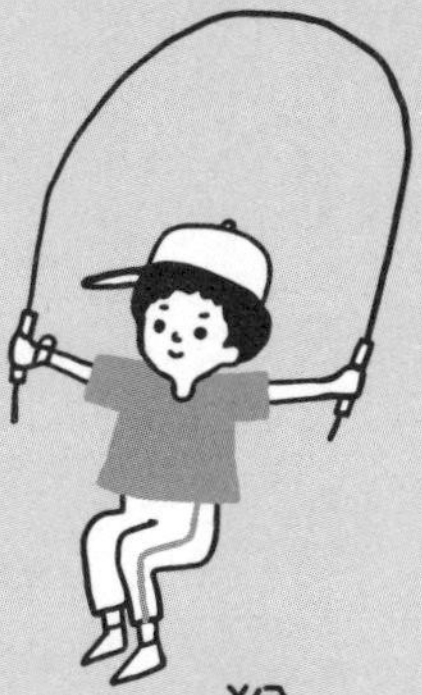

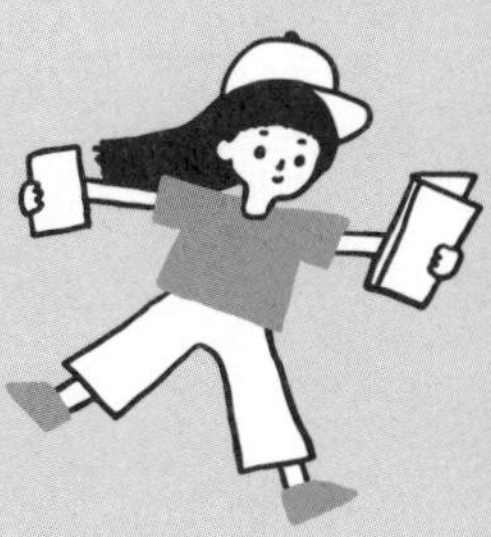

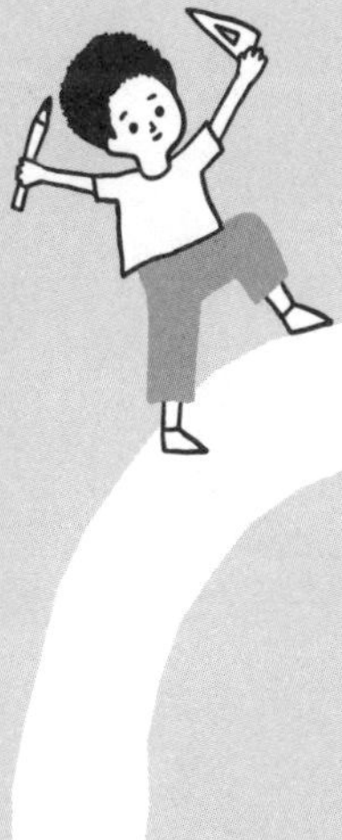

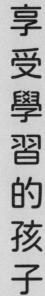

人工智能已經在我們的生活中占有一席之地，這個世界無時無刻都在快速地變化，知識的有效期限也因此變短，適用於我們現在的知識，有可能到了明天就不適用。現在只要有一支智慧型手機，就能隨時獲取知識，在資訊洪流當中，我們需要批判性思考以及找出解答的能力。

那種企圖在腦海裡記住多方知識的背誦式學習已經不具競爭力了，未來的教育並不是以知識為重心，而是應該以培養學習能力的教育為優先，而要培養自我學習能力，就必須要有批判思考及解決問題的能力。

我們的孩子要透過自我探索學習的事物，遠超於他們在學校所學習的知識。猶太人透過不斷閱讀、討論來獲得新知與智慧，就讓我們在猶太人學習法中一起探索吧！

1-1 說話學習法，利用「哈柏露塔」提高心理認知

不能用言語說明的東西，就不是我所理解的東西。

幫助你了解自己理解到什麼程度的哈柏露塔

位在美國紐約的猶太名校——葉史瓦大學裡，圖書館比鄉下的市集更加吵鬧。一提到圖書館，人們總會認為這是一個連咳嗽都不好意思輕易出聲的安靜地帶，但是在這裡卻截然不同，學生們會在圖書館裡雙雙對坐，不停討論，有時聲音太大，還會讓人誤以為他們在吵架，而這就是猶太人特有的傳統學習方

式「哈柏露塔」。

「哈柏露塔」在希伯來文裡是「朋友」的意思，也就是兩個人為一組，互相質疑對方的辯論式學習法。**他們不在意年齡、性別、階級的差異，以平等的朋友關係互相教導學習，討論結束後，他們會角色互換，再重新討論一次。**在關係互換的討論過程中，他們不僅能夠了解彼此的見解，也能夠聽取他人的意見，不會堅持己見。透過這個過程，他們能夠領悟並理解到自己先前不懂的地方。

猶太人的歷史簡單來說就是一場苦難。他們在漫長歲月中沒有自己的國家，四處漂泊。被迫害的他們相信，只有自己腦中的知識不會被他人奪走，也因此，他們不管在任何時刻、身在何方都把學習擺在第一位。就算不是處在學習的環境下，也能在沒有老師的情況下，找到相互學習的方法，這就是所謂的「哈柏露塔」。猶太人從小學習猶太教經典《塔木德》時，也是用這個方式學習。

父母跟學校會盡其所能營造一個學生能放心自由答辯的環境，引導學生自己去找尋答案，這種教學方式不屬於單方傳授知識，所以孩子們能在平等的關係中自由思考與表達，在這個過程中就能培養出批判性思考與創造力。

後設認知（Metacognition）較高的孩子更會讀書

究竟「哈柏露塔」的學習效果如何？《為什麼要讀大學？》節目製作團隊就曾探討過哈柏露塔的效果，他們將二十幾名大學生分成兩個組別，一組獨自學習歷史書籍，另一組則是兩人一組一起學習。三小時過後再分別於原地對所有人進行測驗，結果震懾眾人，兩人一組學習的學生，考試的分數幾乎是獨自學習的兩倍。參與兩人一組的學生表示，「在互相解釋歷史的過程中，自己已經了解的部分可以直接帶過，不懂的部分則因為用口語表達出來，因此可以快速理解並且記在腦海裡」。相反的，獨自學習的學生卻是惋惜地表示「明明已經背下來的東西，在看到考題的時候卻偏偏記不起來」。

根據後設認知理論來看，哈柏露塔學習法的效果是理所當然，一般來說，我們會將「思想」稱作為認知，但後設認知則是指「認識」或「知道」的意思。**「後設認知能力」是藉由從客觀角度觀察自己，能夠清楚了解到自我的優點與缺點，以及了解和不了解的能力，也就是說後設認知能力的核心是「了解自己」。**

「哈柏露塔」是一種說話學習法，讓孩子自己閱讀理解，然後用自己的方式解釋出來。只要嘗試以言語進行說明，就可以正確理解先前不懂的部分。猶太格言當中有句話說「不能用言語解釋就不是真的理解」，而猶太孩子則是透過哈柏露塔來培養後設認知的能力。

也有測驗應證，後設認知能力卓越的孩子，學業能力也會更優秀，EBS記錄片節目《什麼是學校》中的「百分之零點一的祕密」篇，就曾經探究過優等生的祕訣。

他們將學測模擬考試擠進全韓國前百分之零點一的八百名學生，與七百名一般學生進行對比，企圖找出是什麼造成兩組人之間的成績差異。

製作團隊為了了解這些學生的學習能力，讓學生看彼此毫無關聯的二十五個單字，每次三秒，總共七十五秒，接著再問他們能記住多少。他們先問學生們「預期自己能記住幾個單字」，然後再讓對方回答實際記住的單字。

但結果卻和預期不同，學測前百分之零點一的學生所記住的單字個數並沒有顯著的差異。製作團隊在幾經調查後發現，前百分之零點一的學生跟一般學生對比，智力沒有多少差距，生活習慣也沒有比較特別，父母的經濟能力與學歷也沒有太大的不同，但是在這之間他們發現了一個共同點。

前零點一的學生們的預期分數和他們實際記得的單字數量幾乎相同，反之一般學生的預期分數卻與實際分數有很大的落差，他們可能預設自己會對十題，但實際上只對了四題，或是預期自己只會對五題，但卻對了八題，實際結果與自己的期望不符。結論是，前百分之零點一的學生清楚了解自己的能力值在哪，但一般學生卻不了解。

提升後設認知的最佳學習法

哈柏露塔是提高後設認知的最佳學習方法，閱讀完文章後，必須要能夠親口說明，才算是真正的理解。我想每個人應該都有閱讀完一本書，卻無法用自己的言語解釋這本書究竟在談論什麼內容的經驗吧，這就意味著你並沒有充分消化這本書的內容，這些內容並沒有成為你的知識。**透過親口提問與解釋，就能夠清楚分辨自己「真的了解」與「自以為了解」的部分，以此培養真正的思辨能力。**

學業成績優良的孩子能夠清楚掌握自己懂與不懂的部分，後設認知能力較高，所以後設認知培養得較好的孩子，學習能力也會較為卓越，他們會活用補習班來補足自己尚不足的部分。反之，後設認知不足的孩子，因為不知道自己究竟懂什麼和不懂什麼，所以只能以焦躁的心理仰賴著補習班教育，如此一來，不但不能有效利用學習時間，還會疲於奔命。

從美國教育研究所（NTL）所提出的「學習金字塔」中，我們也能一探哈柏露塔的學習成效。所謂的「學習金字塔」就是執行各種學習方法，並繪出在二十四小時後記憶比例的金字塔。

學習成果為課堂講授5%、閱讀10%、視聽教育20%、示範與現場見習30%。孩子在學校或補習班透過老師授課的教育方式僅有5%的成效，學生自己坐在書桌前用功讀書也只有10%，視聽教育也不過20%。但是相對起來，討論卻能有50%的成效，實作演練75%，教導他人有90%的成效。也就是說向同學解釋一小時，成效等同於獨自閱讀九個小時，聽課十八個小時。

每天與孩子對話十分鐘

說話學習法「哈柏露塔」的學習成效非常卓越，但即便我們知道這個事實，卻還是繼續使用舊時代的教育方法，老師單向授課，學生被動聽課，接著進行考試，不斷反覆。由於學生並沒有親口解釋出自己理解的東西，所以很難知道自己究竟理解或不理解哪個部分。學生後設能力的進步與退步，取決於遇到提升後設能力認知的機會多寡。

猶太人口大概有一千五百萬人，不到韓國人口的三分之一，但是他們在世界上的地位比任何民族都來得重要。他們的人口不到世界的0.2％，但平均智商排名四十五名，不難看出他們在各個領域卓越的表現，而這個祕訣就取決他們獨特的「哈柏露塔學習法」。

猶太人就是透過能夠幫助提升學習能力的哈柏露塔，進而實踐終身學習。未來學家巴克敏斯特・富勒（Richard Buckminster Fuller）曾根據「知識倍增曲線」解釋過人類知識總量增加的速度。到十九世紀為止，知識的總量每一百年會增加兩倍，但是自從一九〇〇年代開始，速度加快到了每二十五年，更驚人的是，他預測到二〇三〇年以後，增加速度就會縮短到三天，再更之後甚至會縮短到每十二小時的知識量就會倍增。

未來我們必須持續學習，昨日的知識可能今日就不再適用，需要自學的東西也會比透過教育學到的還要多，所以說熟悉學習的方法非常重要。

學習的第一步，就是要能正確了解文章，而「哈柏露塔」就是在閱讀後能夠將內容完整的消化成「自我一部分」的方法。試著把哈柏露塔學習法應用在孩子身上吧！從現在開始跟孩子組成一隊相互對話，先一起朗讀孩子喜歡的書籍，然後試著讓孩子解釋書中的內容。不管是簡單的童話故事書，還是偉人傳記、紀實文學，只要是孩子有興趣的書都可以，從短篇文學、中篇文學、長篇文學、非文學、經典著作、時事、常識、歷史、哲學等，慢慢調整水準難易即可。透過每天跟孩子十分鐘的對話，一起開始實踐哈柏露塔吧。

跟孩子一起實踐看看吧！

1 與孩子組成一隊，一起大聲朗讀故事書的內容。
2 給孩子充分的時間，用自己的言語解釋他所讀到的內容。
3 要留點時間與孩子一起確定書籍的核心內容為何。

1-2 利用「哈柏露塔」討論，鍛鍊思維能力

猶太人並非生而聰明，而是接受了能夠讓他們變聰明的教育，這個教育方就是所謂的「哈柏露塔」。

「谷歌帝國」是由賴利・佩吉（Larry Page）和謝爾蓋・布林（Sergey Brin）所創立的公司，但他們倆是怎麼湊在一起的呢？身為猶太人的他們於一九九五年在史丹佛大學新生訓練上認識，當時布林已經入學兩年，負責為新生佩吉介紹校園。雖然他們兩個對電腦的熱情幾乎無人能敵，但其實他們初次的相遇並不愉快，他們從認識的第一天起就在辯論，而且互相認為對方狂妄自

大，兩人的個性極為不合。布林的外向個性，使他總是喜歡站在眾人前方擔任主導的角色，佩吉則是內向安靜。但是很快他們就意識到，兩人是能夠互相指正對方並幫助彼此成長的戰友。

他們從小就接受為自己的主張辯論與防禦的教育，後來布林與佩吉一起住在由比爾蓋茲捐贈所建的「蓋茲大樓」，兩人每天形影不離，每天都在互相辯論，甚至連周遭的友人都不敢靠近他們。他們除了自己的主修科目以外，還會熬夜討論政治、社會、文化、哲學等各個面向的議題。不管是吃飯的時候還是走在街上，他們都在不停對話。由於他們在校園裡總是形影不離，朋友們都叫他們「賴利謝爾蓋」。身為務實主義者且擅於解決問題的布林，和個性慎重、善於分析的佩吉成了彼此互補的靈魂伴侶與探索知識的最佳夥伴。

這種討論文化就是源自於他們的傳統學習法「哈柏露塔」，他們倆組成一組，一起朗讀、討論並進一步辯論《妥拉》和《塔木德》。他們對於當代地位最崇高的拉比所整理出來的《塔木德》註解並不以為然，他們不斷提出不同的見解，不斷討論與辯論，猶太人就是這樣的民族。

他們透過哈柏露塔了解，知識並非單純只是接受與吸收，而是要領悟，並且鍛鍊著思維的能力。大部分的猶太人並非生而聰明，而是接受能夠讓他們變聰明的教育，他們從小就不斷練習如何思考。對於三歲就開始閱讀《妥拉》的猶太人而言，哈柏露塔並不是什麼特別的學習方法。對不斷享受著質疑、討論、辯論過程的他們來說，哈柏露塔只是一種生活態度。

不直觀世界，而是用立體的角度看世界

「盲目接受他人的教導，會腐蝕掉自己的權利與自信。」

這是《塔木德》中出現過的一句話。猶太人面對任何事都不會不問「為什麼」就單方面的接受，因為他們認為這世界上沒有所謂的正解。他們面對一件事情會用各種角度看它，三個猶太人聚在一起就會出現第四個意見，這表示他們認為自己的想法很重要。他們認為不懂得批判的孩子無法好好學習，因為他們沒有培養自我思考的能力。

猶太父母總是會問孩子「你怎麼想？」、「你有什麼想法嗎？」，而猶太孩

童則透過哈柏露塔來培養思考的能力，兩兩結伴相互質疑、討論並辯論，擴張自己的思考範疇。

《學習的人類》的作者希爾・馬戈林（Lilli Margolin）的子女都已經大學畢業，但他至今仍然會與友人每天花一小時半一起閱讀《塔木德》。他說：「透過彼此辯論找出真理的過程，並不是為了區分誰勝誰負，而是為了學習更廣闊、更深沉的思考方式。」哈柏露塔就是透過討論與辯論，培養進行批判及邏輯性分析的能力。為了反駁對方的理論，就要建立自己的防禦理論，透過這個過程培養思維的能力。

哈柏露塔的目的並不專注於找到問題的解答，而是在找尋跟他人不同的自我見解，為了找尋與他人不同的想法，因而能從中獲得創造力。《塔木德》裡有句話說：「當人們直觀世界時，我們用立體的角度看世界。」猶太人從《塔木德》的一句話中，開始以不同的角度看世界，不停地反覆問答，培養立體思考的能力。

之前在韓國掀起一場「正義熱潮」的《正義：一場思辨之旅》作者兼哈佛大學教授麥可・桑德爾（Michael J. Sandel），就是以引導學生進行思考的授課方法著名，他用一個接一個的問題，自然去引導學生進行對話與討論。桑德爾曾經在一場訪問中提到：「讓學生進行思考的最佳方法，就是讓他們對話與討論，比教育學生更重要的應該是要引導學生，因為學生會透過回答問題，自己找出答案，對我而言，對話就是一種授課、一種教育，我從一九八〇年進到哈佛大學教書後，就一直是以討論的方式授課。我回想自己學生時期的經驗，與其在上課時間只做筆記，以積極的方式去學習會學到更多東西。」

桑德爾是猶太界的美國人，他被身為猶太人的父母領養，從七歲開始就喜歡跟父母討論新聞。一開始他是為了看自己喜歡的棒球新聞，所以只看體育版，漸漸地，他也開始接觸社會、政治新聞。哈柏露塔的影響在學校裡也持續發酵，高中時期擔任學生會長的他，選擇加入辯論社，經常與其他學校的隊伍辯論。

他在二十七歲時就成為哈佛大學最年輕的教授，二十九歲時出版《自由主義與正義的局限》，與自由主義理論權威約翰・羅爾斯（John Rawls）展開一場正面辯論，恰恰發揮了對既有的權威及學說抱持疑惑，以自己的角度為出發點看事情的「哈柏露塔精神」。桑德爾因此聲名大噪，有超過一萬名的學生聽他的課，成為哈佛史上學生數最多的課堂之一。

思考的力量漸漸變得重要，對於未來要跟機器人共存的孩子而言，單純在他們腦海裡灌輸知識是沒有意義的。人工智能打造的阿爾法圍棋（AlphaGo）早就超越了李世乭，由ＩＢＭ公司製造的「華生（Watson）」也早已經能夠替代醫生和護士的角色，所以**我們必須專注於無法被機器人取代的能力，因此我們必須能夠在資訊洪流中自行判斷哪些是重要、必須、有用、有價值的資訊**。而且我們必須更進一步擁有能夠利用手邊資訊解決問題與創造新事物的能力，為此，我們必須不斷質疑、不斷提問。具有批判性的思考方式才能探究問題的本質，找到解決的方案。

哈柏露塔可以培養出具有系統綜合性的思考能力，因為要反駁對方的主張，就必須具有邏輯分析的思考能力，同時又要防禦對方的邏輯攻勢，提出更好的解決方案，這個過程就能培養出思考的力量。

思維能力在單向教育中無法被培養出來，因此我們必須引導孩子進行對話及討論。近幾年由於批判與創意思考的能力受到矚目，翻轉教室（Flipped Learning）、專題導向學習（Project Based Learning）、STEAM（Science＋Technology＋Engineering＋Art＋Math）教育等都已實際被應用在教育上。我認為這是個好現象，不過我們還有很長的路要走。

哈柏露塔存在的前提是，要有一個不管面對任何人、任何言語都能夠輕鬆表達

出自我見解的氣氛，猶太人不管在哪裡都在進行哈柏露塔。不管是閱讀新聞或書籍、吃飯的時候、上課的時候、走路的時候，他們總是不斷地提出疑問，所以我們也要先打開這扇對話之門。

一夕之間就想要像猶太人一樣討論及辯論並非簡單的事，所以讓我們從家庭開始跟孩子一起嘗試吧。在討論之前，先練習提問與對話，在日常生活中提出孩子們思考範疇內的問題，然後耐心聽孩子的回答，這就是邁向哈柏露塔的第一步，一起讀書，分享彼此的想法，當然也是不錯的方式。

閱讀式哈柏露塔是活生生的閱讀方法，在看完書後進行哈柏露塔的話，就會思考得更深沉、更廣闊。但不管做什麼事，最重要的就是**持之以恆**，如果只做個一兩天就放棄的話，就不會有任何進步。猶太人的生活當中，哈柏露塔實踐在每天的每個時刻，提問、對話、討論，用這樣的方法培養思維的力量。

跟孩子一起實踐看看吧！

1 告訴孩子「這世界上沒有理所當然的事」。

2 不管孩子問什麼問題，都要讓他感受到能夠暢所欲言的氛圍。

3 仔細聽孩子的回答，試著不斷向他提問。

1-3 朗讀會讓大腦更享受

喃喃自語會讓背誦更容易，因為我們的記憶是透過身體來進行的。

古人曾說「堂狗三年吠風月」，再看看金弘道的《書堂圖》，就好像能聽見聚在書堂裡學習的孩子們清朗的聲音。古人們或許是害怕自己的聲音被他人給蓋過去，總是用盡丹田之力大聲朗讀，我們傳統的讀書方法，就是將文章大聲朗讀出來。李滉教導他的學生「閱讀文章的時候要坐姿端正，收拾好心情之後大聲朗讀」，每唸一次文章就要記下唸的次數，每天以唸一百遍為目標。

然而我們卻已經有好長一段時間不再

發出聲音朗讀，書變成是「一個人安靜閱讀的東西，而不是放聲朗讀的東西」，如果在嘴邊小聲念誦，就會被視為是不尊重他人的行為。但自從賈伯斯掀起一陣人文學熱潮後，最近幾年，朗讀好像又被重新定義了。

讀書要靜靜坐下來讀嗎？

以《孤獨的力量》、《提問力》等著作在韓國聞名的齋藤孝老師，在《想大聲朗誦我們的語言》中提到「朗讀會使我們深思熟慮，並且能夠隨機應變，在言語生活方面也會變得更多采多姿」。這本書暢銷逾兩百六十萬本，在日本社會引起了一陣朗讀風潮，當中提到，朗讀與理解能力之間有著密不可分的關係。

科學上也多次應證朗讀的效果。韓國某電視公司做過一個測試，將六十名二十歲的大學生分成兩隊，一隊只用眼睛閱讀詩集，另一隊則是放聲朗讀詩集，接著在二十分鐘後進行記憶力測驗。朗讀組的平均分數基本上都高於另一組十分以上，而且得分最高的也是朗讀組的人居多。韓國腦科權威暨嘉泉大學大腦科學研究院院長徐維憲解釋：「大聲朗讀的話，位於語言中樞的顳葉上方會大量運動，此外管理高等認知與思考創造機能、認知機能的前額葉下方也會變得活躍，位在最前方的運動中樞也會開始作動。用一定音量朗讀書籍的話，大腦許多地方都會開始活動，對腦部發展更加有益。」朗讀可以刺激腦中各個部位，讓腦部更加活躍。

徐維憲院長也注意到運動神經會受到刺激的部分，朗讀為什麼會刺激運動神經活躍？他解釋：「嚴格說來，記憶屬於運動的一種，就算我們已經把中學時期考試的內容忘得一乾二淨，但是學過的桌球或游泳能力卻能跟著我們一輩子。用身體經驗所領悟到的記憶可以維持很長的時間。朗讀比默念更能運用到我們大腦中的各個部分，不僅如此，還會使用到大腦中反覆使用的運動神經，提升記憶力的各種原理與朗讀更有助於背誦的原理是相同的。」

在我們的大腦裡，前額葉也會插手管理運動機能，前額葉與注意力和記憶力有非常密切的關連，因此朗讀的時候因為可以反覆使用肌肉運動，就能提升注意力。雖然我們沒有注意到，但是朗讀時，我們會使用到很多細部肌群。眼睛在閱讀，耳朵在聽自己朗誦，而舌頭跟嘴巴也在動，發出聲音朗讀的話，就會讓這些內容刻印在我們的身體裡。

要背東西的時候，比起只用眼睛看，在嘴邊低聲朗誦會更有助於背誦，就是因為我們是透過身體來記憶。朗讀的效果跟身體會記憶一輩子是一樣的原理，也是朗讀時注意力會突然提升的原因。無聲閱讀如過眼雲煙的文章，如果能朗讀出來的話，就能夠一字不漏地記住。

猶太人在進行哈柏露塔時會擺動身體也是出於相同的原理。

猶太人會發出聲音，時不時站起來走一走開始背誦，因為所有人都這樣做，所以也不需要在意他人的眼光。用眼睛看、耳朵聽、身體動，與此同時，頭腦也會活躍起來，腦袋活躍的話，讀書效果也會提升。哈柏露塔是一個可以自由移動及討論的學習方法。大家都知道猶太人認為必須要動動身子才能讀書，《塔木德》中也說「身體運動能幫助頭腦運動」。

讓孩子了解朗讀的樂趣吧，嘴巴動得越多，發出聲音閱讀的話，腦袋就會快速運轉。為什麼讀書一定要「安靜且乖乖地坐著」？猶太人們都是發出聲音閱讀、用耳朵聽、運用身體，讓腦袋舞動。讀書講求的是效率，唯有這樣才能不倦怠地堅持下去，猶太人就是這樣終身學習，他們獲得這麼多諾貝爾獎可不是沒有原因的。

跟孩子一起實踐看看吧！

1 孩子與媽媽輪流大聲朗讀書籍。

2 當孩子在朗讀書籍時，媽媽要待在旁邊聽他朗誦。

3 讓孩子養成讀完書後至少要活動五分鐘的習慣。

1-4 從小培養的閱讀習慣，會跟著孩子一輩子

培養出季辛吉的父親閱讀榜樣吧。父母認真閱讀，孩子就會開始效仿。

教育源自於模仿，第一位當上國務卿的猶太人亨利・季辛吉（Henry Alfred Kissinger）也是效仿了他的讀書狂父親，不斷閱讀。季辛吉曾回顧，他的父親是一位學校教師，他幾乎每天都待在父親堆滿書的書房裡不出來。季辛吉在父親身邊閱讀各式各樣的書籍，然後再跟父親一起討論，也至還得過諾貝爾和平獎，而孕育他的，正是父親的書籍。

赫曼・赫塞（Hermann Karl Hesse）曾說：「構成人類的無數世界中，書籍的

世界是最偉大的世界。」書籍融合了作者的經驗、思維、知識、想像與洞察，閱讀書籍就是在觀察世界，讓你能夠擁有洞悉人類與社會的時間。特別是在養成人生觀、世界觀與價值觀時期所閱讀的書籍，可能會決定你的人生航向。勒內・笛卡兒曾說，閱讀一本好書，就像是在跟過去幾個世紀裡最優秀的人們對話。

隨著人工智能、大數據、無人機、物聯網、3D列印等事物的登場，我們需要的是能夠靈活應用密集知識的創意及融合思維。而閱讀就是培養思考能力、創造力、觀察力、想像力與共感能力的最佳工具。

《塔木德》文中提到，**「當人們向你借錢的時候，你可以拒絕；但當他們向你借書的時候，你不能夠拒絕。」**現實中，一七三六年在拉脫維亞的猶太人街上，曾出現過不借書給他人就必須被罰款的條例。據說古代猶太社會在書本壽終正寢的時候挖洞將其埋入，這代表著猶太人認為書像生命體一樣重要。在猶太家庭的客廳裡，大部分都以書櫃代替電視，在廁所裡也會有一個書櫃，運用各種時間進行閱讀。不僅如此，猶太人的墓園裡也會放著書，猶太人的哲學是**「即便生命走到盡頭，依然不能停止學習」**。

對於猶太人而言，閱讀就像是吃飯一樣稀鬆平常，從出生的那一刻開始，直到壽終正寢，都會與書籍一起走過。所以猶太人也被稱作是「書的民族」，他們是世界上閱讀最多書的人。根據聯合國教科文組織的調查，猶太人平均每年的讀書量為六十四本，等於他們每個禮拜至少會閱讀一本以上的書籍。

反觀韓國，文化體育觀光部「二〇一七年國民讀書現況調查」中指出，韓國十個成人裡，有四個每年連一本書都沒有閱讀，過去十年來韓國的讀書比例也一直持續在減少，但是最詭譎的一點是，學生的閱讀比率卻高達百分之九十，由於學生綜合評價中包含閱讀記錄，所以可以說這是出於半強迫的結果。學生閱讀完後還要撰寫讀書心得，接受評分，我們很難期待學生會因而享受閱讀。

床邊閱讀的重要性

不管做什麼事，第一步總是非常重要。如果從小就養成閱讀的習慣，那麼這個習慣就會跟著孩子一輩子。猶太父母在孩子幼童時期也是盡心盡力培養他們的閱讀習慣，以閱讀作為日常的猶太人，從孩子還在肚子裡的時候就開始閱讀給孩子聽，並且在孩子滿周歲後，就讓他們養成在睡前聽書的習慣，也就是所謂的「床邊閱讀」，他們主要會讀《塔木德》中出現的寓言或童話故事等有趣的書籍給孩子聽。

等到孩子開始學會說話，家長就會一邊閱讀，一邊跟孩子進行大量對話，培養孩子的思維能力、表述能力、想像力與創造力。養成閱讀習慣的猶太兒童，普遍在四歲時就已具備一千五百字以上的字彙量，跟平均只能識別八百至九百個字彙的普通孩童間有著巨大的差異。年復一年，差距越來越大，猶太兒童在閱讀能力上遙遙領先。

「床邊閱讀」是到目前為止人類領悟出養成讀書習慣最有效率的方法。透過與父母一同閱讀，孩子能夠與書本拉近距離、喜歡上閱讀。其實讀書給孩子聽並不是件簡單的事，有時父母必須要讀同一本書數十次，甚至數百次，也因此會有父母希望能夠快點教孩子識字，但是這對養成讀書習慣並沒有幫助，能夠「識字」與能夠「理解」書的內容是兩回事。

猶太父母甚至在孩子已屆學齡，能夠自己閱讀書本後，還是會持續不斷讀書給孩子聽。父母溫暖的懷抱、生動風趣的聲音、融會貫通的閱讀經驗，都能成為培養孩子終身閱讀的養分。猶太人之所以可以終身閱讀，正因為他們是透過享受生活來接觸閱讀。我們必須先親近書本、喜歡上書本，最後才能夠成為一位「終身閱讀者」，而書籍則會無時無刻在我們忙碌的生活中，為我們提供一個溫暖的安身之處。

而猶太人在一直以來循規蹈矩的安息日裡，只有一件事情能被接受，就是閱讀。安息日的時候餐廳、商店都會休息，猶太人甚至在家裡也不會開伙。在他們嚴謹堅守的安息日，唯獨只有書店的來客絡繹不絕。安息日當天，猶太人會跟家人一起閱讀和討論，以此度過一天的時間，整個家庭總是沉浸在閱讀的氛圍中，孩子們也就自然而然成長為「終身閱讀者」。

閱讀並對話

不過，書真的是讀越多越好嗎？哲學家阿圖爾・叔本華（Arthur Schopenhauer）駁斥了這個說法，他主張，不經沉思的閱讀無法成為靈魂的養分，「不斷閱讀卻不經思考的話，書中蘊含的知識並無法在我們的腦海中扎根，大部分只會流逝罷了……將閱讀視為人生志業，透過各方書籍獲取知識的人，就像是閱讀過好幾本旅遊書後成為一方之通的人。紙本上面所記載的思想，就像是前人留在沙灘上的足跡，讓我們能窺探他們所走過的路。但是為了看見前人路上究竟遇見過什麼風景，我們就必須使用自己的雙眼。」

不管再優秀的書籍，如果無法成為自己的思想，就無法透過閱讀受益。

猶太人的實力不僅止於閱讀，他們還會分享書本相關的內容。他們閱讀歷史、宗教、政治、社會、經濟、文化等各方領域的書籍，藉此建立自己的知識，更透過討論來培養思維能力。

他們將自己的思想透過言語進行邏輯整理，然後聽取別人的想法，再進而察覺自己沒有想到的部分。他們互相指正彼此邏輯上的弱點，一面防禦一面培養思考能力。

猶太人除了自己的專業領域以外，在很多方面也博學多聞，他們擅長融合與統籌的人非常多，而這些都歸功於不斷激烈討論的過程，讓各自為了知識與想法相互融合，碰撞出火花，而創造力就來自於此。

隨著科技進步與媒體發達，書本漸漸離我們的生活越來越遠，但是光靠影像媒體單打獨鬥，幾乎不可能處理像現在如此大量的知識與情報。像 Youtube 這類的影片或社群媒體，觀眾總是在看完影像後立即做出反應，然而這類的反應型影片卻會蒸發我們的想法。

我們進行思考的基本結構是序論、本文、結論，與書本起、承、轉、合的結構類似，沒有透過文章訓練的思考，很難被稱作為自己的想法。在Youtube上看說書頻道只是一種接受資訊洪流的過程，並無法從中進行思考、將其結構化，而猶太人的思維能力，是源自於對閱讀的探討。

猶太人透過不斷閱讀，與貫通世紀的知識相遇，他們以批判的角度看待既存的知識，透過觀察打造創造新事物的基礎。他們盡情地想像及體驗，培養思維的力量，與此同時，閱讀也是他們用來了解自己的過程。他們透過書籍來反觀自己的內在，找出自己的慾望、信念與核心價值，接著reader（讀者）終將成為leader（領導者）。

石子路上雖然有無數的碎石，但如果想要擁有一顆碎石，你仍然需要彎下腰來撿拾，這就表示，一句再平凡不過的真理，也要透過實踐來執行。

無法了解讀書樂趣的孩子必然有局限性，在父母的苛責下，強迫自己閱讀的孩子，就像是裝了一架只有外殼的引擎，卻想進行長途旅行。如果你不享受這個過程，沉浸與持續就不是件簡單的事。幫助孩子從小就能了解到讀書的快樂，拋開必讀書籍，讓孩子從自己感興趣的書開始閱讀吧！

而這當中最有效的方法就是父母要以身作則，先看看你的客廳、房間的牆面上，是不是只充滿著孩子的書本。如果想要成為燈塔，照亮未來要生活在我們未曾經歷過的新時代孩子，父母就必須要有遠見。只要持續閱讀，不但自身能夠改變，孩子也會受到薰陶。

跟孩子一起實踐看看吧！

1 閱讀童書的時候，要使盡渾身解數，把內容以有趣的方式表達出來。

2 讀完書之後要跟孩子一起討論、梳理相關的內容，試著跟孩子一起玩創造新結局的遊戲。

3 平常就要讓孩子看到你閱讀的樣子。

小盒子

培養孩子的閱讀習慣

1. 陪著孩子一起閱讀。讓孩子體會到，無時無刻都在閱讀，是日常生活中理所當然的一部分。

2. 經常帶孩子一起去圖書館或書局，就算不親自閱讀，光是看到沉浸在閱讀當中的人們，就足以對孩子產生足夠的刺激。

3. 在孩子開始閱讀前，父母可以先告訴孩子書裡有趣的故事，然後再告訴孩子書裡還藏著更多更有趣的故事，這樣就能提高孩子對閱讀的興趣。

4. 在孩子還沒熟悉文字之前，可以先讓孩子閱讀圖片。孩子只需要透過圖片就能夠充分想像並理解書中的故事。讓孩子閱讀沒有文字或文字較少的圖畫書，對於孩子了解閱讀的趣味很有幫助。

5. 每天固定一段時間讀書給孩子聽，在十歲之前，孩子透過聽力理解的範疇遠比閱讀來得高。每天大概二十分鐘左右，最好在睡前讀給孩子聽，如此一來，不僅能提高他們對閱讀的興趣，還能提升孩子的聽力、專注力、情緒穩定性與親密感。

6. 讀完書後要保留時間一起討論，如此一來孩子就能夠對書籍有更多的感覺與想法。但是要注意，如果這個時間只用來確認故事內容、資訊等實際內容的話，可能會對孩子產生負擔。

7. 閱讀孩子有興趣的書籍，讓孩子們藉此獲取對自己喜歡事物的新知，並感受到其中的樂趣，他們就能夠更容易親近閱讀。

8. 閱讀時請帶點律動和生動感，如此一來孩子自然會覺得閱讀很有趣。

9. 讀給孩子聽的時候，可以把最有趣的結局保留下來，然後把書闔上。這樣孩子就會因為好奇接下來的內容，因而期待下一次的閱讀時間，甚至有的孩子還會自行想像結局或是努力找尋結局。

1-5 猶太人成功中隱藏的祕訣——寫作

領導的核心能力就是寫作，因為寫作需要綜合性的思考能力。

訪問一千六百名平均四十幾歲，從世界第一名校美國哈佛大學的畢業生，「現在工作中覺得最重要的能力為何」，居然有百分之九十以上的畢業生都回答「寫作」。當問到「認為自己未來需要更加強的地方是什麼」時，回答「要加強寫作」的人竟也比其他答案多出近三倍。

另有研究指出「寫作能力」與「所得」有密切的關係。波特蘭州立大學的斯蒂芬・萊特（Stephan Letter）教授與美國教育部共同合作，研究了「美國成人的語言熟練度與對人生經濟成敗的影響」，研究結果將寫作能力分成五類，發現分數最高與最低之間的所得差距有三倍以上。

哈佛大學有一堂一百五十年的傳統寫作課程，這堂課是哈佛大學必修課程，學生可以從這堂課上學習到論證、統整資料並引述的方法、如何清楚表現文章段落的方法，以及文體學相關等內容。來自各個不同領域的教育團隊，他們所教導的不僅是寫作技巧，還傳授學生如何進行思考的過程。

而且不僅只有哈佛大學這麼做，培養經濟領袖的商務大學也有同樣的課程，賓州大學的華頓商學院，把提升寫作與溝通能力視為第一優先教育，美國企業也是把寫作能力看作是挑選人才的優先條件。

寫作是領導的核心能力，共享住宿 Airbnb 的創始人布萊恩・切斯基（Brian Joseph Chesky）說道：「身為大企業的經營者，就必須擅長公開演說及寫作，因為這都將成為你經營的工具。」他為了成為一位卓越的經營者，一直致力學習閱讀、寫作與口說，他認為想成為領袖，就必須要能夠與人們分享自己的價值與展望。切斯基從二〇一五年開始，每個禮拜日晚上都會傳電子郵件給所有員工，藉此跟大家分享與交流他自身的展望。Facebook 創辦人祖克柏也是一個喜歡寫作的領導者，總是透過 Facebook 分享自己的近況與展望，除此之外，他想把自身 99.9% 的總財產回歸社會的計畫，也是透過以六張 A4 紙寫成的信進行發表。

培養孩童思維與心理的寫作

猶太孩童在學校會用言語表述自己的想法，然後不斷練習將其整理成文章。以色列學校幾乎所有的考試都是論述題或敘述題，因為他們認為讓孩子選擇正確答案進行客觀評分，不適合培養孩子的創造力。以色列的考試題目基本上都是「請以你自身的方式表述」、「請提出你對該題目的見解」，跟我們這種「請問下列哪一個說明是正確答案」，要求學生找出正確解答的考試方式截然不同。以色列學校的功課也都是要求學生寫下整理自我思緒的報告，沒有所謂的正確解答。取而代之的是，他們會評估學生表達見解的文章邏輯性有多高。他們會為了寫報告而找資料，然後經由找到的資料，試著理出自己的想法，從國小到大學為止，他們都在進行階段性的訓練。

寫作與思考能力是無法被拆開的，寫作不單純只是寫出完美的句子，而是思想的結晶。寫作的過程中，需要結合邏輯、推理、統合等綜合思考能力，才能有說服力地表達自己的想法。世界級創意家兼二〇一八年諾貝爾獎得主，紐約大學教授保羅・羅莫（Paul Michael Romer）主張「閱讀和寫作就是創意的基礎」。寫作的時候，必須將在腦海裡打轉的模糊思緒，仔細且嚴密地表達出來，猶太人的創造力始於閱讀，用寫作來總結。

對猶太人而言，寫作是生活的一部分，差別只有擅長寫作跟不擅長的人而已，因此猶太人九個人裡面就有一個人是作家，在在證實了這個事實。猶太人透過閱讀、對話、寫作來培養思維能力，並且在學界、輿論界、文學界、法律界等各個領域都發揮自己的能力。

猶太人在學界發光發熱的原因，就是以寫作能力作為支撐，在人文領域中，寫作就是一切，因此非常重要。在理工領域中，最重要的是做出研究成果，但是最後好壞的評價仍然要以論文來判定，而猶太人就算身處理工領域也會鍛鍊寫作的能力。正式寫作讓他們不只在諾貝爾文學獎上大放異彩，還能夠一舉拿下物理、化學、生理醫學領域的獎項。

特別在未來學這門新的社會科學領域上，猶太人可以說是獨占鰲頭。提出「數位遊牧工作者（Digital Nomad）」這個新用語的雅克・阿塔利（Jacques Attali）、拿下至少三次普立茲獎的湯馬斯・佛里曼（Thomas L. Friedman）、《付費體驗的時代》等「結局系列」書籍的傑若米・里夫金（Jeremy Rifkin），還有哈拉瑞（Yuval Noah Harari）等全部都是猶太人。

未來學的現況是結合各種資料進行深度分析以推測未來，因此未來學者除了自己的專業領域以外，必須要擁有經濟、社會、歷史、地理、哲學、環境科學等跨領域的知識與統合能力。未來學者必須要充分消化龐大的知識量，並且提出一個具有說服力的全新視角，這對於一直不斷訓練閱讀與寫作能力的猶太人而言非常具有優勢。

寫作也是一種習慣

寫作是擴大自己思想範疇的工具，也是思想的結晶。這是在學校和職場中評價能力最重要的基準，也是領導者的核心能力。寫作不僅是個人記錄，同時也是事件的歷史記錄。某個人的一篇文章可能會打動一個人的內心，改變他的想法，甚至於改變這個世界。文章所帶來的影響很大，而且能夠留存很久，因此寫作是我們必備的「人生武器」。

猶太人至今仍然持續在記錄且留下文章，在各個領域裡展現自己的才能，猶太人利用寫作這個武器，讓他們的存在感更加令人難以忽視。

要怎麼讓孩子開始接觸寫作呢？寫作也是一種習慣，如果小時候養成習慣，長大也會持續下去。不管孩子寫了什麼，請努力成為孩子第一個讀者兼瘋狂粉絲。每次寫作的時候都有激情感動的粉絲為他聲援，孩子就會更加奮發向上。「你這個地方寫的是什麼意思？」聽到這種話，就算是成人應該也不想繼續寫了吧，所以從試著揣摩孩子的內心出發吧。

讓孩子自由書寫他喜歡的主題，然後再陪孩子一步一步慢慢推敲。大家應該都經歷過暑假作業要密集寫兩個月日記的經驗吧，那樣子的寫作練習不僅一無所獲，失去的還比得到的多。不管如何，對於寫作的記憶一定要是美好的，寫了文章後獲得讚美與激勵的經驗，會讓孩子持續寫作。猶太人教育裡最基本的哲學就是「學得開心有趣」，因為這樣才能夠持之以恆，做得更好。

跟孩子一起實踐看看吧！

1 從孩子有興趣的主題開始練習寫句子。

2 要能夠體悟孩子寫作的內容，盡可能稱讚並激勵他。

3 一起聊聊跟書有關的想法，然後試著把這些內容寫成文章。

值得與孩子分享的故事

最大的財富是腦袋裡的知識

一群富人和一名拉比，一行人正搭著船前行，他們為了到新大陸生活，把所有身家財產都帶著出發遠行。聚在一塊的富人們互相比較炫耀自己的財富，接著開始嘲諷一旁衣衫襤褸的拉比。

拉比說：「在這裡最富有的人是我，遺憾的是，此時此刻我並無法證明給你們看。」但富人們卻對拉比的話嗤之以鼻。過不了多久，船隻卻遭到了海盜的襲擊，富人們擁有的財產全部被洗劫一空。

最後搭著船抵達港口的拉比，在當地招攬學生，建立了一間學校，因為他教得實在太好，學生數也隨之日益增加。而當時家財萬貫的富人們，卻只能在港口打雜工，日復一日得過且過，直到此時，他們才真正理解拉比那句話的意思。

——取自《塔木德》

1-6 讓孩子了解學習的快樂

要孩子開始學習前，要先讓他們了解學習的快樂，就像猶太人父母會在書本的第一頁滴上一滴蜂蜜。

「終身學習」現在是關乎生存的問題，技術的變化與進步使得許多職業快速消失，也造就許多新職業的誕生。許多專家預測，未來我們的孩子一輩子至少要擁有十個，甚至二、三十個職業。光仰賴學校的知識並無法讓他們跟上快速的變化，因此他們必須不斷學習新事物。

世界經濟論壇創辦人兼《第四次工業革命》的作者克勞斯・史瓦布（Klaus Martin Schwab）說過一句非常耐人尋味的

話：「倘若以前是大魚吃小魚的時代，那麼未來就是快魚吃慢魚的時代。」也就是說，能夠快速分析、預測未來的人將成為勝利者。

腦科學家兼教授鄭在勝說：「我們必須培養出能享受永無止盡的學習並吸收必要知識的人才。」天才跟不上努力的人，努力的人跟不上享受的人，所以我們要讓孩子意識到學習的快樂。

猶太人為了將「學習是甘之如飴」的感覺深植在孩子心裡，使用了一個有趣的方法。猶太父母會在孩子第一次閱讀《塔木德》的時候，在書的第一頁滴上一滴蜂蜜，然後讓孩子品嚐蜂蜜的味道。在學校也會舉行類似的儀式，在孩子第一次學習寫字的時候，他們會用手指沾取蜂蜜然後吸取，有的學校還會發文字造型的甜餅給所有新生，孩子們一起把沾滿白砂糖的文字放進口中，用身體去體會「學習的甘之如飴」。

培養會主動學習的孩子

猶太人如此努力讓孩子知道何謂讀書的快樂，就是因為這是學習的基礎，沒有做好基礎建設的工程，將無法持久。

明白讀書的樂趣而讀書的孩子，跟被迫讀書的孩子的差異，越往高年級會越鮮明。我們通常都說小學的成績是「媽媽的成績」，但是到了國中之後，會主動學習的孩子跟不主動學習的孩子，差異就會非常鮮明。但是懂得主動學習的孩子，也會在完成學測之後就把學習擺在一旁，這是令人惋惜的現實狀況。**猶太人讀書並不是為了超越別人，而是因為有趣所以學習**，就算長大成人之後也會一輩子繼續學習，因為有趣所以持之以恆。他們不只學習自我專業領域的東西，還會進行跨領域的學習。

猶太人就是透過《塔木德》來進行終身學習，《塔木德》具有「偉大的學習」之意，這本書是猶太人的精神支柱。公元七十年聖殿倒塌，猶太人離開了巴基斯坦，流散在羅馬帝國各處，此時猶太人編撰了《塔木德》，以維持整個民族的共通性，裡面不只包含生活的智慧，還有關於待人處事的諄諄教誨，也有奇聞軼事，以及許多孩子也會感興趣的寓言及童話般的故事。《塔木德》是一本足足有六十三卷的繁浩書籍，光是重量就高達七十五公斤。我們所接觸到的《塔木德》是以寓言集的方式呈現，也不過只是書裡的一小部分。能夠讀完份量如此龐大的

《塔木德》，對猶太人而言是什麼都比不上的至高榮耀，猶太人如果讀完一卷《塔木德》，就會找親朋好友一起舉辦慶祝派對。

猶太格言有一句話說，「花二十年學習的東西，有可能在兩年之內就全部遺忘」，刀如果不磨，就會變得跟石頭一樣鈍，如果無法持之以恆的話，很快就會失去學習的動力。為了能夠終身學習，我們必須去感受學習的趣味。猶太人父母為了讓孩子感受到學習是「快樂的事」，不惜使出渾身解數，因為他們知道，一旦孩子覺得學習是件困難且辛苦的事，那麼不僅難以持之以恆，連學習效率也會跟著變低。猶太人非常重視學習的樂趣，他們認為，如果孩子無法享受讀書的樂趣，那是出於教導者的錯誤。

猶太人認為學習的快樂是讀書的基礎，所以他們絕對不會對孩子進行不合理的學齡前教育，因為他們認為學習是一輩子的事，沒有必要急於一時。

猶太人父母不做學齡前教育，而是做適時教育。如果「學齡前教育」的出發點是先出發的孩子會先抵達終點，那麼「適時教育」的出發點就是不錯失應該出發的時機。猶太父母認為每個孩子學習的時間都有所不同，所以他們的原則是依照孩子的水平進行適當的教育，他們認為在孩子進到能夠吸收的階段之前，就先告訴孩子過於困難的知識，那麼孩子就會認為「學習是困難的」、「我做不到」。

了解到學習新知的樂趣，才是真正學習的開始

有句成語叫「揠苗助長」，說的是為了讓秧苗快點長大，所以將其往上拔高，這句話出於《孟子・公孫丑》，講述的是中國宋朝有一位愚昧的農夫，他在插秧後，好奇稻子到底長了多高，跑去田裡卻發現自己的秧苗長的好像比別人慢。心急之下，農夫將幼苗拉高，殊不知幼苗看似長大只是自己的心理作用。回到家後，他跟家人說，今天一整天他都忙著拔稻苗，累到全身無力，卻把家人們都嚇了一跳，隔天，農夫的孩子們跑到田裡一看，發現稻苗們都已經枯死了。

想要藉由學齡前教育提升孩子成績的父母，就像是這位農夫一樣。著急在孩子入學前就先教導孩子九九乘法表，升國中以前就要先學會數學公式。但是這些從小就背九九乘法表並開始解題的孩子，會因為父母的期望而失去對數學的興趣，接著在高中就會看到一堆孩子最終仍然加入「棄數者（放棄數學之人的簡稱，為新創詞彙）」的行列。不管是植物還是人類，都要把根基打穩，就像是稻苗需要

時間破土而出，我們也要給孩子充分的時間進行學習，等到孩子親身體會到那份快樂，那才是「真正學習」的開始。

《論語》中，孔子定義自己為「喜好學習之人」，子曰：「其為人也，發憤忘食，樂以忘憂，不知老之將至云爾。」由此我們可以看出，孔子樂於學習是因為他認為「學習是一件令人快樂的事」。孔子並非為了贏得他人的信任，或是為了想要學識過人而學習，他專注在學習新知的那份喜悅之上。倘若我們可以放下「學習是必須的」、「一定要拿到好成績」的包袱，就能夠享受到孔子所感受到的那種喜悅。

猶太格言裡中有句名言說「不要給孩子魚，而是要教他如何抓魚」。猶太父母是在教導孩子如何透過自我獲得知識與智慧的方法，他們不要求正確解答，而是協助孩子透過學習找到屬於自己的解答。面對一個問題，可能會出現一百個學生有一百種不同答案的狀況，這就是來自於他們的教學方法，而這個教育哲學也可以應用在學校裡。老師出功課給學生時，他們會強調要學生盡可能參考其他資料，孩子會透過找尋資料、分析、統合、整理的過程，學習獲取知識與智慧的方法。老師在評分的時候，專注於學生在過程中參考了多少資料，還有分析的正確性為何。猶太人就是在找尋自己的答案中，持續他們的終身學習。

讓我們幫助孩子了解到，遇到無法解開的問題時，努力不懈，最終找到答案的那份快樂吧，當孩子感受到那強烈的愉悅與痛快時，他們就會開始自我學習，產生「我也辦得到」的自信心，了解到何謂專注投入的喜樂。不跟他人比較，不用單一方式進行評分，就能讓孩子充分理解到學習的快樂。說到學習就搖頭喝斥的成人，大部分都是因為學生時期對於學習的記憶不太美好，終身學習會教導我們生活的方法，各個領域的知識也會豐富我們的人生。

抱持好奇心去了解新事物的樂趣吧，只要有趣，孩子們就會自動自發，與此同時，也要給予學習的目的與動機，與他們對話，告訴他們為什麼人要學習，學習的目的為何。當孩子學習的基礎打得好，未來不管發生什麼變化，他都能走出自己的路。

跟孩子一起實踐看看吧！

1 把「學習是愉快的」認知深植在孩子心中。

2 先引導他們把喜歡的事做好。

3 跟孩子分享人為什麼要學習，學習的目的是什麼。

未來能力 2

不用「比別人優秀」，而是要「與他人不同」

猶太人的創造力及性格教育

在ＡＩ時代裡，我們要擁有的核心能力就是「創造力」與「想像力」，未來創造出不同的東西，將會成為評估競爭力的標準。

猶太人父母不期望孩子「要比別人優秀」，強調的是「要與他人不同」，所以他們尊重孩子的天性。學習時，他們不使用劃一式的標準來評價孩子，而是去找出孩子的天賦，專注培養。

他們當中沒有任何一個人是落後者，倘若有一百名孩子，他們就會教導出一百名「獨特」的人才，這就是猶太人教育的基本哲學。

創造力始於好奇心，請讓孩子從小就養成發問的習慣，讓他們了解這世界上沒有什麼事是理所當然，引導他們開始提問、讓他們保持質疑，引導他們去找到與既有事物不同的創意點子。

2-1 不用「best」，但要「unique」

如果所有人都朝相同的方向前進，世界終究會走向傾斜。

不要成為一個比別人優秀的人，而是要成為一個與眾不同的人。

《塔木德》中說：「教育子女之前，要先拿掉蓋在眼前的毛巾」，指的是父母不能把自己的野心與期望擺在孩子的天性與個性之前。猶太人相信，上帝會賦予每個孩子不同的天賦與才能，他們把教育子女視為是神所交付的任務，所以他們會盡其所能去發現孩子的才能，然後努力引領子女將自身能力發揮到最極致。他們尊重孩子的天賦，以鼓勵的方式來培養該天賦，所以孩子從小就是在探索自己的天賦中成長。

猶太人非常尊重多元化，猶太格言說「如果有一百個猶太人，就會有一百種意見」，也就意味著他們尊重每個人的想法，猶太人確切的知道，不一樣就只是不一樣，並非意味著錯誤。

猶太人知道每個人都有不同的天賦，所以也不會以統一的標準來評價孩子。猶太人自稱為「Hebrew（猶太人的後裔）」，這個詞彙背後具有「獨自站在另一邊」的意思，就像這個字的由來，猶太人能自然接受走自己的路跟走不同的路這件事，他們會找出孩子的特殊才能，盡其所能引導他們向自己的目標前進。

激發孩子天性的父母

那些在自身領域上取得成就的猶太人，背後都有一對發掘他們才能並相信他們能力的父母。二十一世紀電影界巨頭史蒂芬・史匹柏（Steven Allan Spielberg）小時候患有閱讀障礙，對學習一點興趣都沒有，而且也非常討厭上學，又因為他是猶太人而受到同學們的排擠，所以他總是一個人做著白日夢。但是史匹柏的母親並沒有強求孩子一定要讀書，反而相信兒子的夢想，當兒子吵著不想去上學時，她甚至還會幫孩子說謊，寫信告訴老師「孩子生病，沒辦法去上學」。

「老實說，我從來都不是一個典型的母親，我的觀念是要傾聽孩子的想法，我深信這才是激發孩子創造力的道路。」史匹柏的母親利亞・阿德勒（Leah Adler）如是說。

學生時期，史匹柏就拿著一架八釐米攝影機到處拍，熱衷於把畫面剪成像電影一樣，而他的母親總是會把孩子的作品看完，接著再豎起大拇指稱讚他，說：「媽媽很期待你下一部作品」、「你的想像力真的是全世界最棒的」之類的話來激勵史匹柏。

難以想像，如果當初史匹柏的母親告訴他「大家都在唸書，你在幹什麼，你未來打算過什麼生活？」現在會發生什麼事。但是她不拿史匹柏跟別的孩子比較，尊重他的個性，盡其所能幫助孩子去做他喜歡做的事，默默地陪伴在他身邊，不斷鼓勵到他功成名就。

人類史上ＩＱ最高的「天才科學家」愛因斯坦，也是到四歲的時候才終於學會開口說話。他進到國小時課業也跟不上，學校老師甚至還說他是「讀不了書的孩子」。擁有強烈好奇心的愛因斯坦，在課堂期間經常會問一些不著邊際的問題，老師也多次警告過父母，愛因斯坦的個性很散漫，最後老師對他的母親說愛因斯坦可能會對其他孩子帶來不良的影響，希望他不要再繼續就學。

愛因斯坦的母親聽完老師的話，不但沒有責備與放棄他，還親自教導愛因斯坦。她告訴愛因斯坦：「你是一個聰明的孩子，只是別人不理解而已，就算跟別人一樣，最後你也不會比別人更好。」

面對好奇心強的愛因斯坦，他的母親從來沒有敷衍過他眾多的疑問，而是陪伴他一起找出答案。她幫助愛因斯坦閱讀他最喜歡的物理學相關書籍，結果愛因斯坦十五歲就讀完了勒內・笛卡兒（René Descartes）、艾薩克・牛頓（Isaac Newton）、歐幾里得（Euclid）等優秀學者們的著作，精通其他孩子討厭的物理、哲學、化學等領域。愛因斯坦母親因材施教的教育哲學，最終教育出一位史上最偉大的物理學家。

猶太人父母會盡可能尊重孩子的想法，他們非常強調要盡其所能去實現孩子的希望。天下沒有白吃的午餐，自己所選擇的事物，就要自己擔起責任，尊重孩子的自由意識，反而會讓孩子感受到責任感。猶太父母會支持孩子隨心所欲做他們想做的事，接著透過稱讚與鼓勵為孩子樹立正面積極的自我形象。父母毫無懷疑的信任，會成為孩子在任何狀況下都能克服困難的力量。得過兩次諾貝爾獎的物理學家萊納斯・鮑林（Linus Carl Pauling）說：「我這輩子從來沒有做過任何我不想做或不喜歡的事，但是我會把我所做的每一件事都做到最好。」

發現孩子的天性

「如果所有人都朝相同的方向前進，世界終究會走向傾斜。」這句話出自於《塔木德》。猶太父母會告訴孩子「要成為與他人不同的人」，而不是「成為比別人優秀的人」。

不要一味往大家想走的路上走，而是要找到屬於自己的道路。猶太人不想成為跟別人一樣的人，他們甚至連遊戲的方式都要與眾不同，因為他們堅信，激發孩子的天性才是通往成功的捷徑。

只要能擁有別人沒有的「某種能力」，就能夠占有獨一無二的地位。只有一個人能夠成為「best」，但是每個人都能夠成為「unique」的人。所以猶太人面對一百個孩子，就把一百個孩子都教育成第一名，這就是猶太人不讓人任何人當落伍者，把所有人都教育成材的方法。

重視天性的教育，就會激發創造力。如果不能從框架中跳脫出來，就無法進行自由思考。

尊重不同天性的猶太教育，就是**養成自由思考的土壤。他們不會被動接受既有的專家、權威和理論，而是對其抱持懷疑，創造革新。**擺脫舒適圈進行挑戰需要非常大的勇氣，但是猶太人用他們的勇氣，在人類史上寫下與眾不同的一頁。猶太人能夠打破既有的思維框架，自由創新地去思考，創造出一條屬於自己的道路。被稱為「現代管理學之父」的彼得・杜拉克（Peter Ferdinand Drucker）曾說：「預測未來最好的方法，就是創造新的事物。」未來雖然難以預測，但我們可以創造它，這就是預測未來最佳的鑰匙。

如果每個人都朝同一條道路邁進，必定會發生一場腥風血雨的生存之戰，當極少數人舉杯歡慶的瞬間，就會出現無數的落後者。所有的孩子，要決定他是天才還是落後者，就取決於他的才能有沒有被發現。圓形、三角形、四方形都長得不同，而孩子也是相同道理，當父母能夠發現孩子的天性，他們就能最大限度地發揮自己的能力。圓形的孩子不需要跟三角形或四方形的孩子比較，而是要相信並認可屬於圓形的特性，讓孩子發揮自己的天賦，為世界寫下更美好的一頁。

跟孩子一起實踐看看吧！

1 發掘孩子的才能並培養他。
2 不要強迫孩子做他不喜歡的事，教導他把自己想做的事做到最好。
3 不要跟其他孩子做比較。

2-2 為什麼旅行之所以重要

旅行能讓孩子以新的角度看見原本熟悉的事物，從新的角度觀察就是創造力的來源。

猶太人特別喜歡旅行，就算已經沒有多餘的預算也一定要去旅行。他們花錢買的是經驗，他們認為，物品會隨時間慢慢老化，但是經驗卻會使人成長。他們會利用逾越節、住棚節、暑假等時間，一年至少出國旅行兩次。

當學校一開學，學校老師甚至會叮囑父母「不要讓孩子蹺課，不要出國旅行」，不難看出他們在旅行方面非常積極。猶太父母從小就會告訴孩子要出去旅行，他們鼓勵孩子參加幼稚園或學校舉辦的兩天一夜旅行，寒暑假就把孩子送去營隊，或者是獨自把孩子寄宿在遠方的親戚家。

以色列的學校每年都會去校外旅行，低年級一天、高年級三到四天，他們會一面周遊全國一面露營，四處觀賞遺跡。高中畢業之後，男女都必須服兵役，退役後大部分的人都會出國旅行。短則一、兩個月，長則一年，他們會在旅行中積累新的經驗，旅行的費用則是透過打工自己積攢。聖奧古斯丁（Augustine of Hippo）說：「世界是一本書，不旅行的人只讀了一頁。」

其實反觀猶太人的歷史，就能夠理解為什麼他們認為旅行很重要。猶太人有超過兩千年的歲月流散在世界各地，對他們來說，四處遷徙只不過是家常便飯。猶太人接受與適應新文化的能力，已經深深刻在他們的DNA裡。

以色列是這些流浪者所建造的國家，在這裡生活的人參雜了各種宗教、人種、文化、社會背景。他們能理所當然地接受彼此的不同，然後結合「自己的東西」，創造出新的事物。他們認為在複雜且多元的環境中才能產生創意。猶太人曾經只能四處流浪，卻也因此讓他們很早就體悟到旅行的重要性。流浪了兩千年的猶太人，至今仍然四處旅行，閱讀這個世界。

新的經驗能夠刺激大腦

旅行能看見很多新事物，透過觀察、感受、思考來了解，平常熟悉的事物也能以不同的角度看待。創意的根本就是源於「看起來陌生」，用新觀點看事物的過程中，就會產生劃時代的創意。

被稱為「創意傳道士」的西江大學哲學系名譽教授崔珍晳曾說：「最容易讓你感到陌生的方式就是旅行」。旅行的每個瞬間都是新的章節，呼吸的空氣、腳步聲、甚至連鳥鳴聲都會帶來全新的感受。旅行返回後，日常生活也會感覺有所不同，裝著輪子的旅行箱、另一頭有著橡皮擦的鉛筆、帶有電腦功能的手機等，都是以新視角看既有的東西所發展而來的。

新的體驗能夠刺激大腦，在新地方待一個星期，就像是過了一個月，因為大腦必須不斷用心接收新的資訊。小時候我們會覺得時間好像過得很慢，也是因為每天都有新體驗的關係，反之年紀大了之後會覺得時間過很快，就是因為生活裡沒有太大的變化。當我們遇到新的變化時，大腦就會變得活躍，也就能發揮創造力。猶太人透過旅行累積各種經驗，再從這些經驗裡尋找機會。

猶太人羅絲・漢德勒（Ruth Handler）是孩子們最喜歡的「芭比娃娃」創始人，原本運營一間小玩具店的她，在去瑞士家族旅遊的途中，偶然看見成人用的玩具，因而獲得了這個點子。羅絲聽到女兒芭芭拉想要學大人的樣子，就以此製造了豐滿的成人女性玩偶，是史上第一人。

猶太人「謝絕賭場」，但身為猶太人的謝爾登・阿德爾森（Sheldon Gary Adelson）卻在被稱為沙漠城市的拉斯維加斯，重現了「水上城市」威尼斯，建立了「威尼斯人度假村」，他就是在某次去義大利威尼斯旅行時獲得的靈感，後來進軍亞洲的他，又打造了「澳門金沙酒店賭場」與「濱海灣金沙酒店賭場」。

猶太人透過旅行培養結合能力，對於其他文化的所見所聞、感受及思維，他們不會照本宣科，也不會一味排斥，而是用自己的方式「自我消化」。**在多方文化共存之地成長的猶太人，知道每個人都有其不同之處，所以他們清楚知道自己能夠盡情擁有異於常人的思維與行動。認知到多元性是創造的起源，猶太人根據自己的標準，透過不同的角度觀察，培養創造的力量。**

法蘭西斯・培根（Francis Bacon）曾說：「對於年輕人來說，旅行是一種學習知識的過程和方式。而對於成年人來說，旅行則是豐富人生經驗的最佳途徑。」

追求「終身學習」的猶太人，會努力讓孩子認知到學習的快樂，也因此，以色列的戶外授課特別多，幼稚園與國小低年級經常會去戶外教學，讓學生自由討論自己的所見所感，有時他們還會在山上或是沙漠裡露營。歷史課時，他們會一起走在西牆邊，或是去參觀大衛王的陵墓，讓孩子透過探險及觀察，激發他們的好奇心。好奇心能夠促使孩子產生對學習的慾望，進而培養出像愛因斯坦這類的創造型人才。

旅行途中還會發生許多無法預測的事，就像我們的人生一樣。而猶太父母會在孩子遇到問題時，給予他們自我解決的機會。

就算孩子經歷困境，猶太父母也會耐心等候，因為透過經驗而獲得的智慧會留在心裡一輩子，這就是不直接給魚，而是告訴孩子如何抓魚的猶太人教育法則，孩子會多方嘗試新的方式，找到解決問題的線索。

在這個過程中，孩子也會產生自信與自我效能，不管遇到任何問題都能夠懷抱著「我能做得到」的自信，用自己的速度走出自己的路，創造力也由此而生。

世界規模最大的設計公司 IDEO 創業者所寫的《創意自信帶來力量》中提到，只要擁有「創意自信」就能具備創造力，重點是要相信自己一定能夠做到。

旅行是發現自我的方式，讀萬卷書不如行萬里路，離開日常生活到陌生的地方重新檢視自己，一面自我發問一面思考，就能看見最真實的自我，產生屬於自己的思維、標準與方式。世界上的標準不是以他人為標準，而是要以自我為中心運轉，如此一來才能夠成為自己生命的主人。

知道自我價值，才能珍惜並尊重人生，從中找到自尊感。擁有自尊感的人能夠認知差異，再從中進行結合與創造，不會片面地追尋或排斥。旅行是發現自我，讓自己成為自我生命的主人並培養創造力的過程。

大家都說人生是回憶的剪輯，猶太人會陪著孩子一起旅行，一起寫下家人之間無法忘懷的記憶，在旅行中大肆聊天、了解彼此、開懷大笑，把日常拋在腦後，重新充電。

有時候我們會突然懷念起旅行時的空氣、氣味、氣溫，回想起當時的感受和念頭，而這些回憶會成為我們日常生活中前進的動力。盡可能跟孩子一起儲存快樂的回憶吧，跟孩子一起決定目的地，然後一起計畫旅行吧。不一定要去遠方才叫做旅行，只要穿上鞋子走出家門去看見、聽見與感受即可，如此一來，孩子一定能夠真正發揮與生俱來的創造力。

跟孩子一起實踐看看吧！

1 跟孩子以遊戲的方式選擇旅行地，再一起計畫旅行。

2 俗話說知道多少就能看見多少，旅行前先跟孩子一起做點功課吧。

3 旅行途中，把主導權交給孩子。

2-3 每個人都擁有幸福與機會

讓孩子多方認識鄰居、公司同事、親戚等，孩子就會逐漸成長為結合型人才。

鄭玄宗詩人《訪客》一詩當中出現過這麼一段話：

當有人來訪
實屬一件浩大之事
他
與他的過去
現在
還有
他的未來都一起來訪了
一個人的
一輩子

都到訪了。

認識各式各樣的人會促進成長，遇見新的人，就可以接收到關於他的一切，有時會讓我們的思維擴展到未知的領域，或是自己從未想過的部分。猶太人透過認識他人，來拓展孩子有興趣的領域，努力培養孩子的好奇心。

他們知道透過結合與統籌各個領域，可以激發孩子的創造力，所以當猶太父母與他人晚餐有約時，通常都會帶全家人一起去。去拜訪朋友或親戚家的時候，也會以家庭為單位見面，再建立一個共同體。孩子們接觸彼此不同的生活與思考方式，會產生各種好奇心，而且他們可以透過觀察新的世界，去思考自己是誰、為什麼要活著、活著的目的為何。

動物也是透過接觸勢力範圍外的其他動物進化而來，人類也是相同的道理，不同領域、行業、思考方式的交流會帶來變化。如果每天都只跟同樣的人見面，接受相同的刺激，就會逐漸鈍化。

新的刺激才能讓人更加前進，當遇見與自己相異的人，才會激發融合的火花，有些人的相遇會帶給我們破繭而出的力量，有些人則帶來改變命運的力量。當初從一個銀行員工一路走到朝日啤酒榮譽會長的樋口廣太郎曾說：「年輕人就算借錢，也要想辦法打造出優秀的人脈網。水會因為裝載的容器不同而改變形狀，而你所交流的人則會決定你的命運。」

第四次工業革命時代的生存武器——NQ

猶太父母會不斷告訴孩子，結識的對象會對自己的人生產生重大影響，越是經常待在好人的身邊，就能警惕自己要不斷進步。猶太人透過不斷相遇，去了解自己是誰，思考自己想要什麼樣的生活，透過不間斷的省思，找到活出「最棒、最優秀的自己」的力量。

對猶太人而言，**多方交流可以使自己積極成長，讓自己不斷結合新的資訊與觀點，持續創造自己的世界。**在這種環境下成長的猶太孩童，非常享受認識新朋友，聽到新的故事，他們知道這是賦予他們成長的新機會。

靠自己努力打拚的時代已經過了，谷歌、微軟等世界一流企業錄用的人才都是「讓人想與他共事的人」，也就是協調力優良的人才。**他們要求的不單純只有個**

人的能力，而是團體能力加乘後所產生的協同效應。

孩子未來生存的武器就是ＮＱ（Network Quotient），ＮＱ不僅是人脈指數也是共存指數，指的是經營人際關係的能力。在未來ＮＱ對孩子之所以重要，就是因為知識共同體是未來必備的能力。

聽到「山羊」這個單字文科生可能會想到「咩～」，但是理科生卻會先想到「氯」（譯按：염소這個單字在韓文中同時具有「山羊」及「氯」的意思），這是社群軟體上「文科生與理科生的差別」的趣談之一。

透過與具備多方知識和思想的人交流，生產出新的結果，這就是未來的核心力量。所以我們要培養的不只是享受自我成就的孩子，而是能夠享受與他人合作的孩子。

多方交流也能鍛鍊孩子的社會性，不需要引用亞里斯多德說的「人是社會的動物」，也知道我們不可能獨自生存，我們必須在人與人的關係之間感受幸福並且成長。猶太父母認為孩子的社會性跟學業一樣重要，所以他們讓孩子從小與各式各樣的人接觸，化解他們對建立新關係的恐懼，培養孩子在人際關係中的自信心。

猶太孩童從小就接受人際關係教育，而且猶太父母特別強調孩子要學會傾聽。要去傾聽對方的立場，用真心去感同身受，因為所有的人際關係都始於這裡。然後他們會告訴孩子，必須要有端正的品性與懂得照顧他人的心，強調要獲得別人信任的原則，就是要先照顧對方，所以一定要先思考自己能為對方做些什麼。先拿出自己所擁有的東西，才能從人際關係中成長並感受到幸福，這就是猶太父母教育孩子的人際關係法則。

猶太未來學者雅克・阿塔利（Jacques Attali）說道：「至今為止，貧窮意味著一無所有，但未來的貧窮將會轉變成沒有歸屬。未來的首要資產是人脈網，這將成為『主導人生成敗』的優先條件。」

哈佛大學從一九三八年就開始執行一項成年人的人生相關研究，八十年來追蹤七百二十個人生所得到的結果是，擁有幸福與成功人生的人們，都是非常重視家族、朋友與共同體關係的人。

「人生最大的機會就是遇見貴人，而這取決於人脈。去遠方旅行時為你打包行囊的人、遭受風雨時為你撐傘的人、當成功近在咫尺最後推你一把的人，都是你的貴人。」這是香港富豪李嘉誠所說的話。人際是最終的解答，自我成長、成就、成功的機會還有幸福，都來自於人與人之間的關係。

允許孩子去接觸各式各樣的人，鄰居、公司同事、遠房親戚都可以，以家庭為單位見面，打開故事的話匣子。其實對父母而言，人際關係也是一個難解的深奧問題，人際關係存在著令人感到舒適的關係，也有一去不復返、難以挽回的關係，儘管如此，心裡的真誠也不能被改變，告訴孩子，不管對方是誰，都要讓自己眼前或身旁的人看見自己的真心，剩下的就交給孩子自己來解決吧！

跟孩子一起實踐看看吧！

1 在多人聚會的場合上介紹你的孩子。
2 讓孩子知道好好傾聽、深刻體會的態度很重要。
3 教導孩子如何主動付出。

值得與孩子分享的故事

現代管理學之父——彼得・杜拉克的故事

彼得・杜拉克往返美國與歐洲五十年，一輩子任職過教授、顧問、輿論家、作家、管理學者、政治學者、歷史學者與經濟學者。即便高齡超過六十，他也每三年就會進行跨領域研究、教學並寫作。

杜拉克對知識具有如此旺盛的好奇心，多半源於兒時父母對他造成的影響。他的父親是經濟學者兼法律專家，也是奧匈帝國的外貿長官，母親則是研修佛洛伊德派的精神科醫師。每個禮拜天晚上，杜拉克一家會招待各界各層人士，一起討論政治與經濟、社會、心理、藝術等相關議題。

多虧了杜拉克的父母，他從小就能與西格蒙德・佛洛伊德（Sigmund Freud）、路德維希・馮・米塞斯（udwig Heinrich Edler von Mises）、湯瑪斯・

曼（Thomas Mann）等當代著名的音樂家、藝術家、小說家、經濟學者見面。杜拉克的父親跟每個人會面時，都會讓兒子與對方握手，他的父親如果受到他人邀約，也都會與家人一同出席。

「對事物的觀察力源於對人的觀察，希望你能夠認識去各式各樣的人，並對其抱持好奇，細心觀察。」

後來杜拉克聽從父親的建議，與傑克．威爾許（Jack Welch）等當代最厲害的經營者，以及許多飽學之士都建立了情份。杜拉克一直到九十六歲過世之前，都仍然不斷地繼續學習。這世代真正的文藝復興人——彼得．杜拉克，其成功之道就是始於對人的觀察。

2-4 激發孩子想像力必備的閱讀與藝術遊戲

想像力比知識更重要。
讓孩子盡情玩樂，培養他們的想像力吧。

二十一世紀天才物理學家愛因斯坦，就是透過想像力為科學界揭開新的序幕。愛因斯坦說：「我當初就是把自己想像是第二個光子，正在追趕著以光速移動的第一個光子。」透過對光子的觀點，把觀察與宇宙所感知到的東西訂立為理論，也就是所謂的相對論。

據說愛因斯坦只花十分鐘就想出了相對論，對他而言，數學與形式邏輯學不過只是次要工具罷了。他透過想像力，讓事物直觀地浮現在眼前，後來相對論才受到許多數學家的幫助，以數學的方式被證明。愛因斯坦曾說：**「我是個自由自在、活用想像力，並且無所不能的藝術家，想像力比知識更重要，知識是有限的，但想像力是引領世界進步的源泉。」**

想像力是將沒有實際體驗過的現象或事物具象化的能力，也就是將不存在的東西，以好似存在的方式在心裡描繪出來。沒有持有任何車輛的計程車公司 Uber、沒有持有任何旅館的旅館業者 Airbnb、「連結全世界」的 Facebook、能夠即時看見全世界地圖的 Google Map、任何人都可以上傳影片的 Youtube、敘述某個少年去上魔法學校的《哈利波特》……這些都是透過想像力創造出來的。想像力是創意最重要的部分，也是所有創作的基礎。

媽媽是猶太人的華特・迪士尼（Walt Disney），在距離佛羅里達州奧蘭多二十五公里遠的地方買下了一片荒地，對一般人而言，那只是個高度不太高的地方，但華特・迪士尼動員了他的想像力，創造了一個前所未有的遊戲王國。

猶太人的創造力源於想像力，他們從小就自然而然接受想像力的訓練。猶太人有個概念是「看不見的神」，三千年前，當其他民族在膜拜月亮、太陽、神木等偶像時，猶太人就認為這世上有看不見的超自然存在，不但觸碰不到、看不見，甚至也聽不見。猶太父母會告訴孩子「這世界上有很多你看不見，但其實存在的東西」培養他們的想像力。

猶太孩童想像著「無法形象化的神」，培養抽象思考能力。猶太人拒絕偶像崇拜，也因此他們沒有任何關於神的雕像或圖畫，跟基督教被釘在十字架上的耶穌像與圖畫形成了強烈對比。對猶太人而言，神存在於看不見的地方，因此他們只能不斷想像這個抽象的存在。抽象思考與想像力都源自於深思熟慮，這點是一脈相承的。

想像讓不可能的事成為可能，不合理的事物也能透過想像力被合理化。中世紀的時候，當有人說著「我們什麼時候可以到訪月球？」大概也只會被多數人認為是無稽之談而已，但是隨著技術的進步，人類已經可以到訪月球。朱爾・凡爾納（Jules Verne）的小說《海底兩萬哩》潛水艇鸚鵡螺號促使世界第一臺核潛艇鸚鵡螺號潛艇的誕生。他所寫的《環遊世界八十天》已經實現了，現在甚至一天就可以環遊世界一周。《從地球到月球》這本書也在一九六九年由能夠直接載人至月球「阿波羅十一號」實現了。一九八二的年電影《E・T・》中出現的會飛的腳踏車，最近也被一名英國業餘發明家研發出來了，也是一個即將實現的題材。

新世界即將來臨，在3D技術方面，只要能用電腦繪製的所有立體物品都將能夠被生產出來，我們可以親自打造自己想要的房子，也能夠親手做一輛汽車。人工智能時代也揭開了序幕，「人類代表」九段棋士李世乭在AI面前也無能為力。AI、3D技術與物聯網，真的讓我們難以想像這世界未來的樣貌。而我們的孩子將生活在這個以想像力為核心的時代。

培養想像力的方法

一、閱讀故事給孩子聽

猶太父母會閱讀《塔木德》及《妥拉》給孩子聽，激發孩子的想像力。摩西分海的故事、大衛用石頭擊倒巨人的故事、頭髮被剪掉後力量全失的參孫、約拿從鯨魚肚子裡逃出的故事……讓孩子聽這些有趣的故事，然後再不斷詢問孩子的感受和想法，孩子不著邊際的言詞與疑問就是想像力的出發點。猶太父母會接著孩子的言論繼續發問，然後把故事結局留為伏筆。

「想知道接下來會發生什麼事嗎？好奇嗎？明天再讀給你聽。」孩子就會開始想像接下來所發生的事，創作屬於自己的故事。

二、藝術遊戲

猶太父母在孩子的藝術教育上也非常用心，因為他們相信藝術可以培養創意想像力。隨心所欲地撕開再黏合，就能融會貫通並擴大自己的思考。在玩藝術遊戲的時候，猶太父母也會強調要孩子「與眾不同」。孩子用自己的想法透過藝術表現出來，培養想像力。對於孩子完成的作品，猶太父母會非常用心觀看，然後與孩子對話，同時也不忘稱讚孩子的想像力。

三、用音樂表達情感

猶太孩童大概五到六歲就會開始學音樂，透過聆聽各種律動與節拍豐富孩子的感知能力。透過音樂，春暖花開的春日風景會冉冉再起，也會讓孩子回想起暴雨來襲的夏日夜晚，甚至感受到在雲彩上飄然的感覺。孩子能夠透過音樂表達情感、培養想像力。世界男高音盧奇亞諾・帕華洛帝（Luciano Pavarotti）說：「比起站在鋼琴前歌唱，我更多時候都是在腦海裡想像這個畫面。」

藝術運用到的想像力，不只在人文學上扮演舉足輕重的角色，在科學、技術等領域亦然。暢銷書籍《思想的誕生》作者羅伯特　魯特・伯恩斯坦（Root-Bernstein, Robert）、米歇爾・魯特・伯恩斯坦（Michèle Root-Bernstein）夫婦也說「藝術觸發了二十一世紀所需要的創意想像力」，強調了藝術教育的重要性。法國物理學家亞曼德・特魯索（Armand Trousseau）說，「所有的科學都與藝術相關，所有的藝術也都包含著科學。最差勁的科學家，不是藝術家，只是科學家；最差勁的藝術家，不是科學家而是藝術家。」對科學家而言，想像力也很重要。

四、角色扮演遊戲

角色扮演也能作為想像力的媒介，猶太孩童大部分會透過各種角色扮演遊戲來培養想像力。醫院模擬遊戲、扮家家酒、幼稚園遊戲等，讓孩子扮演自己腦海中的角色，呈現實際情況。小包巾一會兒成為公主的衣服，一會兒又會變成地毯，孩子透過角色扮演成為一位演出者，角色、劇本、登場人物、各種裝備都由孩子的想像而生。

米歇爾的著作《想像力培養出我的孩子》中提到「模擬遊戲」非常重要，她提出了一個研究結果，指出孩子的遊戲能夠培養想像力與創造力，但是隨著孩子理性思考越來越發達，大概在七到八歲之間就會消失。

根據研究指出，三歲到五歲（兒童初期階段）會開始玩遊戲，但有多半的孩童是從七歲到十二歲（兒童中期階段）才開始玩遊戲，而幾乎沒有超過十三歲（兒童後期階段）才開始遊戲的孩子。

孩子培養想像力的同時，又能盡情享受遊戲時的時間只落在十歲左右，也就是說，跟隨孩子一輩子的想像力與創造力，十歲左右就會在遊戲過程中養成。在這段年紀讓孩子四處去補習班，就等於是拿想像力與創造力交換了英文、數學等部分知識。

此外，如果想要培養孩子的想像力，就不要告訴孩子太多事情。美國麻省理工大學的勞拉・舒爾茨（Laura E. Schulz）教授進行了一個測驗，他給孩子四種具有不同功能的玩具，把孩子分成兩組，一組由老師來說明其中某一樣玩具的功能，另一組則是沒有具體說明，就直接把玩具交給孩子。結果聽了老師說明的孩子中，大部分都只掌握四項玩具中的其中一項功能。

相反的，沒有聽到老師說明的孩子，大多數都能夠掌握兩到三項以上的功能。當教育過於明確的時候，會抑制孩子的想像力，因此研究團隊指出，過於仔細說明的教育並非理想的教育，舒爾茨教授對其給了建議：「不要教導孩子『正確答案』，而是要告訴他『這個答案也對，但還有很多其他的可能性存在』，這樣會有助於培養孩子的創意想像力。」

每個孩子都是帶著無限的想像力出生的，每個孩子都活在自己想像的世界裡，但是長大之後，我們面對現實，失去了想像力。回想看看，你是不是也在生活中不經意對孩子說過或做過會扼殺他們想像力的話語或行為。

「你怎麼想？」是猶太父母對孩子最常說的話之一，他們不要求孩子給出正確答案，他們一定會問「為什麼你這麼想？」，然後再以開放式問題去拓展孩子的思維，他們不會問「上學好玩嗎？」、「你跟朋友處得好嗎？」這種簡答題。不管孩子的答案是什麼，他們總是洗耳恭聽、給予回應並鼓勵他們，孩子自然而然就會長出想像力的翅膀。

附和孩子的想像力，陪他們一起感受吧。盡可能讓孩子多讀點書，然後讓孩子四處玩耍，讓他們的想像力能夠充分成長。孩子的想像就是未來的現實，讓我們一起培養能改變現實的想像力吧。

「我們不需要魔法的力量來改變世界，改變世界的力量存在我們的體內，我們該做的事應該是激發這些能力。」——《哈利波特》作者J・K・羅琳（Joanne Rowling）

跟孩子一起實踐看看吧！

1 閱讀書籍給孩子聽，激發孩子的想像力。

2 透過藝術遊戲、樂器等方式培養藝術想像力。

3 給孩子足夠的時間遊戲。

2-5 透過遊戲培育人才

遊戲是培養孩子社會化與創意的最佳工具，玩過各種遊戲長大的孩子，不會對世界感到恐懼。

聖宇是人們口中的「英語天才」，只要三歲之前讓孩子熟悉英文的話，他就能成為雙母語使用者（Bilingual，能夠同時活用兩種語言的人）。聖宇的媽媽相信了這番話，從胎教時期就使用英文教材。聖宇從小就接觸英文，十八個月就開始閱讀英文書籍，兩歲就開始上英語幼兒園，對熟悉英文的時間早於韓文。小學三年級後，他幾乎每次都拿下「英語口說競賽」的第一名，但是這樣的他卻在六年級的時候開始出現一些異常的舉動。他經常鬧脾氣，而且會跟同學吵架，如果被老師斥責就會衝出教室。聖宇的狀態逐漸惡化，最後出現精神萎靡的症狀。

腦部檢查的結果顯示，聖宇在被稱為「情緒之腦」的邊緣系統，還有扁桃體與基底核都出現了異常。由於大腦邊緣系統受損，聖宇的情緒調節發育不全，導致他出現短期記憶困難，而聖宇之所以會發脾氣、大叫、輕易放棄，都跟這個病症有關。在孩子發展階段沒有給予適當的教育，反而給予過度刺激，讓孩子學習文字的話，孩子就會感受到壓力。結果會導致大腦中被稱為「皮質醇」的壓力賀爾蒙分泌過剩，抑制其他神經細胞的發育。而問題是，像聖宇這樣的孩子越來越常見。

回想一下我們父母的童年時期，無憂無慮地玩耍，甚至忘記疲憊與飢餓，盡情沉浸在遊戲之中。《生命的心流》的作者兼心理學者米哈里・奇克森特米海伊（Mihaly Csikszentmihalyi）說過，當人類沉浸在某個狀態時，會感受到前所未有的成就感，達到令人驚豔的成果。他的研究結果指出，有越多專注忘我經驗的人，會具有較高的注意力、自信心，也會更快樂、更積極。回首過去，其實我們都有很多忘我的經驗。

反觀現在的孩子呢?因為早期外語教學熱潮，孩子不僅要學英文、中文、漢字，還要學算術、圖書論述、科學……等，甚至還出現了「遊樂場裡沒有朋友陪你玩，要找朋友就要去上補習班」這種話，因為父母擔心自己的孩子玩耍，就會在競爭場上落後其他人，結果對孩子的心理造成傷害。

會玩的孩子才會成功

根據美國神經學家保羅・馬克萊（Paul MacLean）博士所提出的「三位一體的大腦」理論，我們的大腦是由負責維持生命的「爬行動物腦」（腦幹），以及負責管理情感與記憶的「情感腦」（大腦邊緣系統），還有掌管智能、運動能力的「理性腦」（大腦皮質或新皮層）所構成。這三種大腦會按照順序發育，其中「情感腦」會集中發育到十二歲為止，如果在這個時期接受不適切的學齡前教育，壓力賀爾蒙分泌之下，會妨礙神經細胞正常發育。過度實施認知教育，會引起情緒焦慮、行為衝動、注意力散漫、創意力低下等嚴重的問題。

會玩就是一種能力，「強中更有強中手」這句話不是開玩笑的。會玩的孩子，才能被培育為未來所需的人才。

某些步伐較快的企業，在「會玩的人更會做事」的口號下，已經開始在錄用「會玩的人才」了。求職網站曾對企業HR做過一項問卷調查，結果顯示十個HR裡面有八個偏好「懂得娛樂的人才」，原因是他們「應該比較有熱忱」、「經驗比較多，點子應該也會比較多」。只靠勤勉努力就能成功的世代已經過去了，現在不可或缺的是能以新的角度看事情、具創意性思維、能夠跨領域溝通、協調……等能力。

其實娛樂是培養創意最好的方法，就算每天都玩一樣的玩具，孩子也不會感到厭煩，反而會用各種方式去玩它。他們可以拿著家裡要丟掉的紙箱玩上好一陣子，沒有現成玩具的孩子創意力會更為發達，樹枝、路邊的石頭、樹葉，都可以成為遊戲的道具。猶太父母不會購買昂貴的教材，他們會活用空瓶、空箱、鏡子等日常用品作為遊戲素材，要丟掉的自行車或家電等，也是孩子很好的玩具。

「與其讓孩子坐在螢幕前或是拿著電子玩具，讓孩子自由玩耍反而能學到更多東西。我認為讓孩子拿著石頭遊戲，比給孩子一個由專家製造的物理學教材，能讓孩子學會更多的物理學知識。在樹林或庭院裡遊戲的孩子，也會比被柵欄圍住玩著玩具的孩子學習到更多東西。」——海因茨・克魯姆赫爾茨（Heinz Krumbholz）博士（德國國立早期教育研究所）。

孩子們會透過遊戲培養溝通及協調能力，遊戲是培養孩子想像力的最佳工具。一邊遊戲一邊交朋友，孩子自然就會熟悉態度、規則與角色。會玩的孩子大多情緒較為隨和，也比較社會化，大部分自我調節能力也會比較好。沒有耐心或無法控制憤怒的孩子，大部分源自於自我調節能力的不足。從小就教導孩子要有團體精神的猶太人，就是透過遊戲來教導孩子跟他人溝通及相處的方法。

在遊戲過程中，如果發生紛爭，就讓孩子們自己解決、訂定規則，決定自己的角色，再一起嘗試，失敗的話，就一起找其他方法。遊戲不僅能培養創意與想像力，還能夠培養解決問題及協調的能力。

「透過遊戲讓孩子自己下決定，控制自己的行為，學習與他人相處。所以邊玩邊長大的孩子不會暮氣沉沉，會具有解決問題以及交朋友的能力。邊玩邊長大的孩子，變成大人之後也不會害怕這個世界。」彼得・格雷（Peter Gray）教授（美國波斯頓大學心理學系）如是說。

遊戲會讓孩子的大腦更發達

要讓大腦更發達，遊戲是不可或缺的角色。讓大腦發達就像是幫孩子的房子做基礎建設，忽略基礎建設而建起來的房子，總有一天會倒塌。額葉是負責掌管自我計畫、控制、忍耐與解決問題的大腦部分，情緒調節與解決問題的能力都受額葉管轄。持續受到壓力的話，會導致孩子的額葉無法發展，專家們指出，過度學習會導致孩子的額葉發展遲緩，反而會讓他們成為不會讀書的孩子。也就是說，孩子的額葉發展比讓他多背單字更重要。

橫掃諾貝爾獎跟人工智能時代的猶太人，其實在小學入學前不會教導孩子文字與數字。在以色列的幼稚園裡，孩子每天都在盡情玩耍，以色列教育部幼兒教育負責人說：「不恰當的階段教育，對孩子不會產生效果，強行要孩子坐在書桌前念書，是不符合成長階段的行為，一點意義都沒有。在這個過程中，孩子經歷的挫折與困難，反而會對他的未來造成更多問題。」

玩耍的時候必須要毫無目的、毫無理由，有目的地學習遊戲是不可行的，這樣反而會讓孩子對遊戲產生負面印象，主動拒絕玩耍，變成一個不懂得娛樂的孩子。

在韓國，很多父母跟孩子之間的遊戲，多半根本就不是遊戲。買了昂貴的教材，但孩子不會主動拿來玩的話，父母就會開始焦躁不安，要孩子坐著陪他開始玩教材，「跟媽媽一起玩這個吧，這個很有趣的哦，玩了之後你還會變得很聰明！」遊戲要在孩子想玩的時候玩，沒有任何目的與理由，只是因為喜歡所以玩耍，一定要分清楚真的玩與假的玩。

猶太父母在孩子七歲以前，會讓孩子盡情玩耍與體驗，藉此培養他們的創造力、社會性與想像力……他們不把孩子送去補習班上課，而是陪孩子一起拼拼圖、玩黏土、積木等，過程中自然能與孩子培養親子關係。

《塔木德》有句教訓說：「如果想要達到終身教育，小時候就讓孩子盡情玩耍。」猶太人是實踐終身學的民族，所以他們認為小時候趁早讀書沒什麼意義，重要的是把學習當作遊戲一樣，樂在其中，**猶太人認為在孩子應該遊戲的時候叫他們去學習，會剝奪學習的樂趣。**

猶太父母和孩子以平等關係相處，會一起聊天，一起玩耍。他們會積極陪孩子玩球、搔癢、打滾等各種遊戲。特別的是猶太人父親會盡可能早點下班，因為他們很重視與家人一起度過的時光。他們陪孩子一起準備晚膳、聊天，然後讀床邊故事哄孩子睡覺，在這個過程中，孩子也能感受到情緒上的安全感。他們很重視「父親效應」的研究，父親如果能夠積極參與孩子的養育過程，孩子的社會性、創意等各方面都會變好。

不要再等孩子找你玩耍了，試著主動邀約孩子一起玩耍吧。這樣孩子就能夠擁有勇氣，毫不猶豫地向朋友說：「跟我一起玩吧！」也會有勇氣主導遊戲，培養孩子的領導能力，就要從遊戲中開始。不過遇到真的很疲憊，沒辦法陪孩子玩的時候，記得要跟孩子解釋，請求孩子的諒解，如果孩子感覺到父母是在找藉口的話，就會產生被拒絕的感受，反覆經歷相同的經驗，日後也會不容易跟他人親近。

玩是一種本能，人類的文明之所以發達也是因為「玩樂」。Play源於拉丁語的「渴望」（Plaga），意指像口渴的話就會找水喝的行為，父母一定要濕潤孩子火燒般的喉嚨，痛快地一解他們的渴望。

對孩子來說，玩不是一種選擇，而是一種必須。透過玩耍，孩子可以提前體驗「世界的縮影」，培養創造力、想像力與專注力，還有解決問題的能力、批判性思考與溝通協調的能力。一定要去仔細思考，對孩子教育盡心盡力的猶太人，為什麼花這麼多心思在孩子的遊戲上。

猶太父母對孩子寄予厚望。把遊戲的時間還給孩子的時機到了，因為這將決定孩子與社會的將來。

跟孩子一起實踐看看吧！

1 試著把日常生活中會用到的鍋子、勺子、箱子等生活用品拿來當作遊戲道具吧。

2 不要「有目的」地進行遊戲。

3 主動邀孩子一起玩耍，然後陪孩子一起玩樂。

2-6 害怕提問，將無法好好學習

過去領導者要會發言，但是未來的領導者要能發問。

提問是思考的根基，盡情地提問吧！

二〇一〇年十一月G20閉幕式上，由於當次是在首爾舉辦會議的最後一天，前美國總統巴拉克・歐巴馬（Barack Obama）在結束演說之後，留給韓國記者發問的機會，「我想給韓國記者一個提問的機會，韓國扮演了非常好的舉辦國角色，請問有什麼問題想問嗎？」此時記者會現場一片寧靜，歐巴馬又再次開口：「如果用韓文發問的話，我們可能需要口譯，不，我們一定需要口譯的協助。」

在聽眾們的笑聲之下，有一位記者舉起了手說：「不好意思，我是中國記者，請問我可以作為亞洲代表向您提問嗎？」，歐巴馬打斷了他的話：「我想知道韓國記者有沒有問題？」再次給了韓國發問的機會，結果卻沒有任何人舉手，所以提問的機會就這麼交到了中國記者手中。這個場面反映出韓國社會無法發問的縮影，一直讓人有這種印象。

我們都是帶著無數的問題而出生，都有過一段不斷問這個是什麼、那個是什麼，話說完就問「為什麼」的時期。孩子們提問的時候總是理直氣壯、毫無顧忌。根據二〇一七年首爾大學國語教育研究所發表的資料顯示，至少有55%左右的孩子，到小學左右每週都還會問四次以上的問題，到了高中時只剩下不到30%。學得越多，懂得越多的成人，開始害怕提問，「這個問題是對的嗎……」始終開不了口。

西江大學哲學系名譽教授崔珍晳對於我們無法提問的原因，提出了下述的回答：「我們之所以小心翼翼不敢提問，是因為我們自己無法成為標準的生產者、創造者，所以我們總是習慣以外部標準作為評斷自己的標準。想要活出自己，就不該是傳統的執行者，而應該成為創造者。人類歷史上所有的創作，都是從一個莫名的問題中誕生的。」

我們總是在迎合別人的標準，也就是說，我們連面對自己的好奇心時，都在追究對錯。以自我為標準，想要滿足自己的好奇心而提問時，就會有很多種答案存在，在找尋答案的過程中，創意就會湧現。

從小就養成發問的習慣

全世界問最多問題的民族就是猶太人，有時他們甚至會執著到讓對方覺得很失禮。面對既有的權威或知識，他們也總是抱著遲疑，對猶太人而言，不存在理所當然的答案。

「發問的能力」是來自於猶太人從小就為孩子打造一個發問的氛圍，甚至孩子從學校回家，父母還會問「你今天問了老師什麼問題嗎？」、「要好好聽老師的話」、「你從老師身上學到什麼？」我們習慣被動的聆聽，但是猶太人則反而要主動提問才甘心。人們常說，創意必須先擺脫刻板印象，而猶太人就是透過提問來擺脫刻板印象。

經常保持質疑，在進行批判思考的過程中，就會出現跟既有的東西不同的、嶄新的創意思維。牛頓看著掉下來的蘋果，問了「為什麼」，在所有人認為是理所當然的東西上保持質疑，進而找出萬有引力這項答案。在科學史上寫下一筆的，也都是從提問開始。重視提問的人認為，教育者的方式非常重要，《塔木德》中提到過關於老師應有的態度，「教師不能宣稱只有自己理解，如果孩子只有單方面聆聽，那就不叫作教，而是在養鸚鵡而已。當老師開始發言，學生就要對其提問」。如果害怕提問就無法好好學習，更不可能出現革新或創意思考。

猶太父母會不斷問孩子「為什麼」，引導孩子去思考，值得注意的是，就算孩子問了出人意料的問題，猶太父母仍然會洗耳恭聽並積極回應，這樣孩子才不會失去提問的自信心，養成提問的習慣。還有一點，猶太父母不會直接告訴孩子答案，而是會反問「你怎麼想？」，引導孩子自行思考。當孩子在尋找自己的問題時，就能培養主動思考的能力。

好的提問是思路的開關，讓你思考過去沒思考過的事。愛因斯坦曾說：「問題比答案更重要，當面臨生命危急的狀況，一小時裡，我們有五十五分鐘都在找正確的問題，一旦找到對的問題，找到解答就只需要花五分鐘而已。」Facebook

創始人馬克・祖柏克也經常提問，所以Facebook的員工腦袋裡總是要不斷問自己「這個想法會讓我們公司成長嗎？」發問是思考的開關，會引領我們找到自己的答案。

在猶太父母教育下長大的未來學者哈拉瑞（Yuval Noah Harari）說「所有思想的根基就是問題」，他不管在分析大量資料、寫書、教課的時候，都一直問自己「學生能理解這些東西嗎？」哈拉瑞會一直問自己，直到找到一個連十歲小孩都能理解的答案為止。越了解自己的人，解釋出來的東西會越簡潔有力。「在我的資本主義課堂上，如果有學生不能理解授課內容，那我會回頭反省自己應該要花更多心思去思考這個主題，所有思想的根基都是問題。」猶太人的格言是，好的問題會誕生出好的答案。一個好的問題，會擴張受問者的思維，得到意外的收穫。

問出好問題的方法一：訓練發問的技巧。

提問也需要經由不斷的訓練而成長，就像看著樂譜練習鋼琴或是鍛鍊肌肉一樣，提問也需要練習，要多做才會做得好。

問出好問題的方法二：先學會仔細聆聽。

想要問出好問題，就要先學會仔細聆聽。脫口秀女王歐普拉・溫芙蕾（Oprah Gaile Winfrey）在一小時的節目裡，也只有十分鐘的說話時間，聆聽的時間占80%，說話的時間只占了20%。

問出好問題的方法三：懂越多，問越多。

想要問出好問題，就要先懂得多，這需要廣泛的閱讀與找出理解和共鳴。懂得越多，越能問出好問題，從問題上就能看出提問人理解程度的多寡，在猶太學校裡，擅長提問的學生就能成為領導者。

猶太人透過問與答的教育，教導聆聽與表述的方法，過程中還能培養孩子掌握問題核心本質的能力，然後具邏輯性地思考與整理對該主題的個人意見與意識，透過這個訓練養成習慣，就能自然學會如何清楚表達自己的意見。透過提問、對話與討論，持續累積知識，擴張思維範疇，從而產生洞察能力，此外在問與答的過程中，也能夠培養創意與思考能力。

「現代管理學之父」彼得・杜拉克說：「過去的領導者要會發言，但是未來的領導者要能發問。」世界首屈一指的科學技術專業雜誌《Wired》創刊人兼總編輯凱文・凱利（Kevin Kelly）也說過類似的話。

「現在人工智能能夠在短時間找到答案，所以人們要做的事，就是提出問題，透過提問進而創造價值的能力很重要。」

我們沒有辦法預知未來孩子所生存的時代，但是我們唯一能確定的是，未來技術的革新將會以過去五到十年望塵莫及的速度進行下去。

光靠一張大學畢業證書就能生存一輩子的時代已經過了，單純的知識現在只要透過一支手機就能輕易解決，未來要做的就是發問，所以我們必須要具備只有人類才擁有的「發問的能力」，必須要透過提問培養自我思考的能力。

面對「有沒有問題？」這句話，不能再繼續保持沉默。被動地聆聽、接受與模仿，會失去競爭能力。

創意是時代的話題，從自我的好奇心提出問題，就會發現創意，再透過一連串的發問，就能擁有思考與洞察能力。接受問與答教育的猶太人之所以能夠在各個領域嶄露頭角並非偶然。

我們首先**要改變的是僵化的氣氛**，讓孩子在家裡能夠盡情提問，打造一個任由他們發問的氛圍，培養出一個不管何時何地，面對何人都能提問的孩子。擁有好奇心，喜歡問問題的孩子，學習能力會更好，他們能夠透過自己的想法，找出具有創意且革新的點子。先開始問孩子，「你怎麼想？」「你為什麼這麼想？」用問句來釐清孩子的想法吧，提問是思考的根基。

跟孩子一起實踐看看吧！

1. 問孩子「今天在學校有提出什麼問題嗎？」
2. 不管孩子問什麼問題都要仔細傾聽，然後問他「你的想法是什麼？」
3. 教孩子如何透過自我問答進行思考。

2-7 讓孩子刻畫自己的未來

猶太父母相信孩子都有與生俱來的才能，找出神所賦予孩子的才能，是身為父母的義務。

「如果你能成為醫生，媽媽真的會很開心。」

「我家女兒就應該跟爸爸一樣，長大要當法官。」

這是我們周遭常見的畫面，父母為孩子的人生寫下藍圖，然後用各種方法來控制孩子。父母先提出自己對孩子未來的幻想，然後為了達成目標，不惜動用任何資源，一旦孩子不順父母的意，就賞罰併推，逼孩子一定要做，為了孩子能犧牲一切。

孩子當然也知道這點，所以他們很難辜負父母的期望。問題是父母所期望的職業，會出現因孩子的能力有限，或是與孩子能力不相符的情況。一般這種問題都要過一段時間才會發生，所以很難挽回，結果導致孩子成為一個不知道自己喜歡什麼、不知道自己想做什麼、也不知道自己在想什麼的大人。

到了三十歲都還不知道自己想做什麼的人出奇地多，因為他們從小就沒有自己描繪過人生軌道的經驗。以《與成功有約》著名的作者史蒂芬．柯維（Stephen Richards Covey）與創作《就業指南》的迪克．博爾斯（Dick Bolles）說道：「大部分人找工作失敗的原因，並非因為他對該職業不夠了解，而是他對自己不夠了解。夢想中的職業不是發現出來，而是創造出來的，因此仰賴社會觀點或傳統的調查方式，最終還是不能找到自己想要的答案。如果想創造一個自己夢想中的職業，那就要對自己非常了解。」也就是說，「自我了解」是最基本的要素。

猶太父母相信每個孩子都有與生俱來的天賦，他們認為，找出神賦予孩子的才能，是身為父母的義務，對猶太人而言，子女教育就是神所下達的第一項任務。

猶太人相信，神創造世界的時候是不完美的，所以人必須要將這個世界打造成「Tikkun olam（更美好的世界）」。所以猶太父母會教育孩子要有使命感，成為「讓世界更美好的一份子」。所以他們致力於找出孩子喜歡、擅長的事物，透過長時間與孩子對話，盡可能提供孩子多方體驗的機會。

人類史上用最短時間成為億萬富翁的祖克柏，背後也有一對幫助他探索天賦，不惜給他任何支援的父母。祖柏克出生在紐約的一個富裕家庭，他的牙醫師父親是個電腦狂，從祖柏克九歲的時候，他就開始親自教他寫電腦程式，而祖柏克的學習速度也十分驚人，他為父親打造了一個商務用發訊系統「Zucknet」，當時家裡一樓是診間，二樓則是住家，而這個軟體就是可以在家裡透過網路互相傳送訊息的軟體。父親發現祖柏克的天賦後，便找來軟體開發人員替祖柏克做課外輔導。

祖柏克的父親某次在紐約州的廣播訪談中提到：「我不會特別引導孩子的人生要往哪個方向走，我認為父母的角色是要幫助孩子找到自己擅長和喜歡的東西，然後支持孩子的熱忱。」想想看，如果兒子要從世界頂尖名校哈佛大學申請退學，身為父母會是何種心情。但是即便如此，他的父親仍然尊重兒子的選擇，並且毫不吝嗇地持續鼓勵他。

幫助孩子找到自己喜歡的事物

能夠在某個領域占有一席之地的人都有個共同點，就是他們真的很喜歡自己的工作，做自己喜歡的事會越做越有動力，甚至會廢寢忘食、忘記疲憊，瘋狂地沉浸在當中。

沒有任何禮物，比幫助孩子找到「夢想中的職業」更加有價值，這就是為什麼孩子要去尋找自己喜歡的事物，開創自我道路的原因。

猶太父母不會期望孩子未來應該要選擇什麼職業，他們認為做擅長的事比什麼都還重要，他們會教導孩子「**面對想做的事就要不留遺憾，盡最大的努力去做**」。他們尊重且支持孩子的喜好，孩子也會對其產生責任感，因而用心努力。

谷歌創辦人佩吉小時候的夢想是成為發明家，他的父親是密西根州立大學計算機工程學系的教授，他帶著年幼的孩子到處參加美國各地的會議與博覽會。他父親還曾為了參加一個電腦工程學會議，帶著全家橫跨整個美國，但是當時佩吉因為年紀太小而不能入場，佩吉回想：「爸爸平常不是那樣個性的人，但是他卻跟對方吵得不可開交，希望一定要讓我參與這場學會，多虧了爸爸，我才能參觀機器人學會。」

只要是兒子有興趣的事情，他的父親都會積極幫孩子累積跟知名人士見面的經驗，後來佩吉非常感謝父親，他說：「因為兒時豐富的經驗，讓我能夠有更多做夢的可能。」

以平等關係對待子女，尊重子女的意見，幫助他們做他們想做的事，相信孩子的選擇，並且耐心等候，這就是猶太父母的教育哲學。

工作不單純只是賺取金錢的手段，人要透過工作獲得成就感，然後不斷成長。如果你希望孩子享有幸福的人生，那就協助他計劃自己的未來。就算面對孩子的夢想，你的心中有些疑慮或失望，也請務必相信孩子，並且支持他。問一個沒有夢想的孩子「為什麼你沒有夢想」之前，請先給他一個能夠盡情做夢的環境吧！面對追夢的孩子，身為父母的你應該要比任何人都更支持他，成為他最熱情的啦啦隊。

「唯一真正滿足的方法就是做你認為偉大的工作。做好工作的唯一方法就是熱愛你的工作。就像找到你所愛的人一樣，去尋找你所愛的工作吧。」——史蒂夫．賈伯斯（Steven Jobs）。

跟孩子一起實踐看看吧！

1 觀察孩子的天賦。

2 盡可能讓孩子看見更多東西、體驗更多東西。

3 相信並且支持孩子的夢想。

AI時代必備的能力

猶太人的品性教育

未來能力 3

猶太父母會會教導要擁有幫助及照料別人的心，強調要有親切的態度，以及替別人的成就感到開心，他們會告訴孩子，對他人行善及照顧他人，會讓我們成為共同體，進而讓世界更美好，最後也會給自己帶來利益。

雖然至今品性仍然不是大學入學或公司錄用人才的重要評估之一，但是未來的社會，比起華麗的履歷，合作、體諒、禮節這類的品性能力將會成為趨勢。

懂得辨別對錯及體諒他人的品性能力，是人類獨有而AI無法取代的東西。請恕我再強調一次，未來品性將不是「可有可無」的東西，在AI世代裡，這是非常重要的資質，因為這是一條未來跟AI維持合作，保持共生關係的道路。

3-1 猶太人會把子女培養為「曼須」

單打獨鬥就能成功的世代已經過去了，彼此合作的態度非常重要，品性也是未來人才的必備能力。

非常重視兒女教育的猶太父母，會希望孩子成為怎樣的人呢？他們其實有一個共通的理想型，叫做曼須（mensch）。《學習的猶太》作者希爾・馬戈林（Hil Margolin）對於曼須的解釋如下：

「曼須是在與他人的關係中為人正直且受到周遭人信賴、幫助他人時會感到幸福、會自我反省、就算遇到困難也會選擇以正當方式處理、正直無私的人。而且「曼須」會樂於貢獻自己擁有的知識、時間與

金錢給社會，會做益於他人的事。」

曼須很難單純用一句話來定義，但它所指的就是擁有傑出的品性、做正確的事，並且對社會有正面影響力的人，馬戈林以兒子職場的老闆阿爾伯特（Albert）作為形容「曼須」的典範。阿爾伯特負責在猶太教會負責廚房的工作，平常運營的是餐飲事業，他從來不對員工大小聲，尊重且照顧所有員工。如果遇到有困難的人來教堂廚房討飯吃，他就會親切地給予對方食物。擁有品性的「曼須」，就是我們說的人品極佳之人。

品性的共同生存能力

猶太父母從小就致力於子女的品性教育，他們非常強調對他人要親切，做事要深思熟慮，好好表顯出體諒與合作的態度。如果以幫助他人為出發點，謙遜且值得信賴，就可以從而獲得信任及肯定。如此教育子女的猶太父母，自己也不斷在朝著「曼須」的人生道路前進。對猶太人來說，你能聽到最壞的話，就是「那個人不是曼須」。

對重視團體精神的猶太人而言，品性是共同生存的能力。猶太教裡比起強調如何維持神的關係，反而更注重如何與人們維持良好關係，所以他們非常重視團體生活。父母為了教育孩子正確的品行，經常傷透腦筋。在猶太人夏令營與以色列基布茲學習教育這類的團體生活中，他們會以品性教育為重心，教導孩子團體精神。洪益熹教授在《十三歲以前完成的猶太子女教育法》中提到紐約葉史瓦大學教授拉比・多尼（Rabbi Donin）歸納了十二種猶太人必需具有的十二樣品性：

1. **禮貌（courtesy）**
2. **誠實（honesty）**
3. **正直（integrity）**
4. **求真（truthfulness）**
5. **保持沉著（even-temperedness）**
6. **俐落的言行（clean speech）**
7. **勇氣（courage）**
8. **親切（kindness）**
9. **耐心（patience）**

10. 修養（self-discipline）

11. 謙遜（modesty）

12. 責任感（a sense of responsibility）

人無法獨自生存，但在這個社會裡，若要與各式各樣的人相處，人品就非常重要。過去自己埋頭苦幹，用心唸書就可以成功，但現在是集體智慧的時代。想要擁有改變世界的革新創意力，不是一個人聰明就辦得到的，而是透過擁有各個領域知識的一群人一起協作而得的。Google、微軟、Facebook 等世界級創業者都是以團體為單位一起工作，所以與他人相處的能力、品性已經逐漸成為人才的必備能力。

未來有沒有成為「讓人想一起工作（或讀書）的人」，將會直接關係到孩子的價值創造，甚至是他的本錢。人工智能越是深入到人類的領域，作為人類本質的品性就變得更加重要。品性並非與生俱來，而是要靠長時間磨練而成，因此能力也就是實力，品性教育已經不再是選擇性的，而是必備的教育。

猶太父母對於善行的注重也不亞於品性，猶太語裡的「Maashi Tobim」意指「善良的行為」，是猶太教的基本原則，還有一個類似的詞彙「gemilut chasadim」，指的是「關懷的行為」，猶太教把讓世界更美好這件事，視為自己的義務並實踐著，猶太教認為，沒有行動的信仰不是信仰，猶太父母教育體現律法，教導孩子要行善與關懷他人，並以身作則。這就是猶太人培養出「曼須」的方法。

身為拉比的希爾・馬戈林與他的夫人，總是會在車上準備幾張紙鈔，以便隨時能幫助需要的人，而他們的女兒莉莉也在地方社區當義工，並且定期捐血，還專門為經濟情況不好的孩子，在中學裡開設課程。

而他們的兒子也不計較任何利益，總是投入自己的時間與能力幫助周邊的人，希爾一直以他教導出了兩名「曼須」感到驕傲。在生活中實踐善行並且從中學習到善行的重要與價值，這就是猶太人的教育。

猶太父母會反覆地告訴孩子：「你所給予的一點幫助，可能會讓對方迎來新的人生。」跟隨著這句教誨，猶太孩子總會懷抱著「為了改變某人的生活，我能夠做些什麼？」的想法。

而且猶太父母會告訴孩子，幫助與關懷他人的時候，要盡可能不讓對方感到不好意思或丟臉，非常重視細節。

關懷與幸福的相互關係

猶太人認為行善與關懷會使人成長為一個有智慧的人，行善是利人利己的行為。相信關懷就是幸福的人，是因為他們在幫助他人的過程中，感受過所謂的幸福感，也就是「助人的快樂」。牛津大學研究小組曾經實際研究過「關懷與幸福的相互關係」，結果顯示行善會讓人變得幸福。負責研究的奧利弗・史考特・克里（Oliver Scott Curry）說：

「人是社會性動物，在幫助家人、朋友、同事、鄰居甚至陌生人的時候，都會感到幸福。透過這個研究，我們可以得知，幫助需要幫助的人會使人感到滿足，關懷同樣也是維持人我關係的好方法。」

哈佛大學在「德蕾莎修女效應」的實驗結果中發現，光是以肉眼看見修女無私奉獻的樣子，就足以增強人的免疫力，為了應證德蕾莎修女效應，該實驗也在海外其他各處展開。

美國某醫學大學的研究小組表示，酒精中毒者的治癒率只有 22%，但是如果加入義工服務一起治療，治療率就能提升到 40%。另一間美國大學的教授斯蒂芬妮・布朗（Stephanie Brown）博士五年來研究了四百三十二組長壽夫妻，研究結果顯示，調查對象中 72% 的女性與 75% 的男性，共同點都是有在參與義工服務，她對於研究結果下了一個結論，表示「關懷他人的人長壽的比例，比不關懷他人的人高達兩倍以上」。

猶太人從小就透過品性教育學習與人共處的能力，教育裡所強調的「用行善來讓世界更美好」，使他們成長為真正的「曼須」。在這樣的環境下長大的「曼須」，會互相關照與幫助彼此，才打造了比任何民族都更有韌性、更加屹立不搖的猶太民族。猶太人會教導子女，對他人關懷行善，讓整個團體，乃至整個世界更加美好，最後也會為自己帶來好處。

我們都共同生存在這個世界，因此，教導孩子懷有幫助與關懷他人的心，以及親切的態度，這樣才能真正為孩子帶來財富與成功的基礎。

只要環顧周遭，就會發現有許多需要幫助的人，開始訓練孩子去幫助這些容易被忽視掉的人，進而造福世界，將會成為孩子人生中屹立不搖的里程碑。

最厲害的園藝師，會在樹木還小的時候就將其修剪成理想的樣子，接著在替樹木夾上層板，往中心用線捆緊，就為了讓樹木能夠正確成長。然後他們會在適當的時候給予樹木水與肥料，日復一日注入心血栽培出一座花園。孩子的品性教育也是一樣的道理，要從小開始培養。培養孩子品性教育的第一步，就是從父母與孩子的日常對話開始，最好的教育就是父母的率先示範。

問問自己有沒有成為一位「曼須」，然後跟孩子一起追求屬於自家的「曼須標準」。把目標設定在進入名校或是大企業之前，要先思考自己要以什麼樣的形象生存在這個世界上。

跟孩子一起實踐看看吧！

1 跟孩子聊聊他想成為怎麼樣的人。

2 透過義務服務讓孩子了解行善的喜悅。

3 定義孩子成為「曼須」的標準，陪著孩子一起實踐。

麥克阿瑟將軍的《為子祈禱文》

小盒子

主啊！求祢塑造我的兒子，
求祢讓他有一顆純潔的心，並有遠大的目標；
使他在能指揮別人之前，先懂得駕馭自己；
並讓他懂得開懷大笑，但也不忘記哭泣；
當邁入未來之際，
也永不忘記過去的教訓。

主啊！在他有了這些美德之後，
我還要祈求祢賜給他充分的幽默感，
以免他過於嚴肅，苛求自己。

求祢賜給他謙卑的心，
使他永遠記得，
真正的偉大是單純，
真正的智慧是坦率，
真正的力量是溫和。

然後作為父親的我，
才敢輕輕的說：
這一生我總算沒有白活。

3-2 絕對不要在兄弟姊妹間進行比較

焦躁的人才會比較，不要讓孩子成為解決你不安的工具。

任何人都不喜歡被拿來比較，我們明明就知道互相比較會造成傷害，卻還是經常犯下跟隔壁阿姨互相較勁的錯誤。比較會傷害孩子的自尊心，當父母拿孩子來進行比較時，會讓孩子把焦點從自己的內心轉移到外在，開始忽視自己擁有的優點、情緒，把焦點放在自己的缺點上。

當孩子開始在意他人的優點與能力時，就會無法對自己的事全力以赴，孩子會不斷拿自己跟他人做比較，在自我評價中原地打轉。**透過與他人的比較來證明自**

己的價值，是一場「必輸無疑的戰爭」，我們不可能在各個方面都比別人優秀，所以猶太父母會很明確的告訴孩子「每個人都有自己的價值」。

還有，比較會讓人「失去自我」。所謂的「自我」就是別人無法取代，自我尊重、具有生命力，認為自己並非平凡無奇，能夠主動活出自己的人生。**當你不再與他人比較，專注在自己的人生時，自然會理解何謂「自我」。**每個人都有自己的才幹與份量，我們要做的是利用才幹增加自己的份量。

我們要不斷觀察自己，然後自問有沒有活得像自己，問自己該成為什麼，又該成就什麼，才能夠活出自己的人生。拿自己的能力與他人做比較，最後只會失去自我價值，無法專注在自己的目標上。跟他人比較，最後只能活在他人的理想人生中。

比較會導致嫉妒與自卑感，《舊約聖經》中該隱因為比較心理作祟，最後殺死了弟弟亞伯，只因為比起自己的供品，上帝更喜歡亞伯的供品，當這個比較產生的時候，該隱因為嫉妒而殺死了沒有犯錯的弟弟，這是一種心靈創傷。

對被困在父母比較裡的孩子，所有其他人都是他們比較的對象，連朋友都會成為他必須要贏過的對象，嫉妒比自己優秀的朋友的孩子是孤獨的。在一場「不會贏的戰爭」中，比較最後只會帶給孩子自卑與無力感。該隱是農夫，亞伯是牧羊人，如果他們能認知到彼此的不同，事態會怎麼發展呢？

「人類越比較只會讓自己越不幸，如果你希望讓自己的孩子變得不幸，那就不斷拿他跟周遭優秀的孩子、優點很多的兄弟姊妹進行比較吧。」童書作家丹・格林堡格（Dan Greenburg）如是說。

比較會在孩子心中種下不幸的種子

我們人生中難免會不自覺與別人比較，比較是人類的本能，如果你不能打起精神，把重心轉移到自己身上，就很容易陷入比較的圈套。打開電視，你看見優秀的人們正在開著宴席，又會覺得世上為何有這麼多菁英。這種時候就要認知「那個人是那個人」然後就此打住念頭，把焦點回到自己身上，專注在自我與孩子的優點上，這樣才能在這個世界上「守護自己」。

比較有時也許能帶來激勵效果，但是效果並不確切，以中長期來看，失去的反而比得到的更多，況且如果拿孩子跟他人比較，就會在孩子的心裡種下「不幸的種子」。

猶太格言裡有句話說：「比較兄弟姊妹間聰明與否，最後只會兩敗俱傷，但如果把焦點在各自的個性上，則會兩全其美。」

猶太父母的原則是不會讓兄弟姊妹之間互相比較，他們把子女視為獨立的人格對待，雖然他們是手足，但也要尊重彼此是不同的個體。當孩子去朋友家玩的時候，猶太人絕對不會把兄弟姊妹一起帶去，因為他們認為孩子各自想做的事情不同，父母為了圖方便而把孩子送到同一個地方待著是不對的行為，他們認識並尊重每個孩子不同的特質。

父母不會在孩子之間做比較，也尊重他們是不同的個體，所以猶太民族兄弟姊妹之間的感情與眾不同。

美國第一位猶太人國務卿季辛吉的弟弟沃爾特・季辛吉（Walter Kissinger）面對自己優秀的哥哥，不但沒有感到自卑，還曾說：「新聞不應該追著哥哥跑，應該也要報導我的成功經驗。」由此，我們能看見他身為艾倫電器設備公司老闆的自信心，他知道自己與哥哥的長處不同，所以與哥哥展開一場良性競爭。

「小時候我跟哥哥是競爭對手，但並非敵對關係，因為我們彼此喜歡的事情不同，個性也不同。」從這裡我們就可以看出季辛吉兄弟的父母並沒有在他們兄弟之間進行比較，尊重他們是獨立的個體。

猶太父母不會進行比較，而是把焦點著重在發展孩子擁有的個性、興趣、才能與特質上，而且他們不會以特定的基準，例如拿成績來評斷孩子。每個孩子都有自己的特質，所以他們會盡可能去培養孩子的才能。

世界罕見的魔術師大衛・考柏菲（David Copperfield）、髮型設計師維達・沙宣（Vidal Sassoon）、演員娜塔莉・波曼（Natalie Portman）、知名爵士樂手肯尼・基（Kenny G）、芭比娃娃之母羅絲・漢德勒、色彩魔術師馬克・夏卡爾（Marc Zakharovich Chagall）等都是猶太人，猶太人能在各個領域占有一席之地絕非偶然。

跟昨天的自己做比較

父母的角色是阻止孩子跟他人進行比較，引導孩子找到初心，走出自己的人生。激勵孩子的時候，不應該拿孩子跟他人做比較，而是要教孩子「與昨天的自己相比」。加拿大心理學者喬丹・彼得森（Jordan Peterson）在《生命的十二法則》

一書中提道：「如果明天的我比昨天的我更好了一點，那就是成功了。」

我們不需要去在意別人，只要以自我為標準做評斷就可以了。今天的我應該做什麼選擇才會讓明天的自己更好，這個答案只有你自己知道。請恕我重申，不要跟現在的他人做比較，而是跟昨天的你做比較。

懂得「跟昨天的自己做比較」的孩子，就能以自我為重心發展。不管別人做什麼事、走什麼路，只要專注且投入在自己想做的事上，必定會做出成果。漫畫家李賢世先生在開課的第一天，一定會對學生說一段話：

「如果遇到天才，那麼讓他先走就是最好的方法。不需要因為這樣而感到受傷。（中間省略）天才的存在是上天的一種祝福，即便我們望塵莫及，也該心懷感激，因為這些天才們可以為我們帶來許多快樂與好處，為我們即將踏上的道路點上一盞明燈，光是能夠跟這些天才們活在同一個時代，我的心裡就感到非常澎湃。像我這樣的人，只要在睡前多畫一張圖就行了，只要在太陽日落之前向前邁進一步，總有一天，我一定能夠見到自己期望的樣子。不管是站在山頂上，還是站在半山腰，只希望能跟自己的期望相符就行。」

肯定且信賴自己的孩子，在面對他人的成就與成功時，會真心讚美對方。但是習慣被拿來比較的孩子，會把他人視為是自己要贏過的對象，企圖貶低他人，這樣的人不只難以取獲人心，也很容易被孤立。

猶太孩子不會拿自己跟任何人做比較，他們會接受「對方是對方」，然後真心祝福對方的成就。專注於自我，對自己人生感到滿足的孩子，人際關係會較為富足。只要父母能夠接受孩子原始的樣子，相信並支持著孩子，這個力量就會陪著他們走到最後。

有些父母會說「我家孩子怎麼看起來什麼都不會」，這句話就來自於比較的謬論，起因於父母拿自己最不好的東西與他人最好的東西進行比較。韓國的「育兒導師」吳恩永博士（精神科醫師）在專欄中指出「韓國的父母會把孩子的每個部份拆開，然後跟各個領域最優秀的人進行比較」，漢字就非得跟周遭拿到最高等級的孩子比較，學習就要跟班上的第一名做比較，運動就要跟未來夢想成為運動員的孩子做比較，這樣比較下來，孩子必定會產生自卑感，不管自己再怎麼努力，周遭永遠都有比自己更厲害的人。

就是因為父母沒有尊重孩子是獨立的個體，所以才要進行比較。舉例來說，如果老公總是拿自己的另一半跟他人的另一半做比較，老婆的心情會是如何？

「要是我能遇到一個有能力的老婆，我就轉運了」、「那個誰誰誰的老婆簡直逆齡生長」，如果聽到這種話，我想身為老婆應該會很失望吧。反過來說，如果老婆拿老公去跟人比較也是一樣的意思，所以孩子相同的也會感受到被比較的心理痛楚，而且站在孩子的立場，父母拿自己跟別人比較的話語會更容易往心裡去。根據某研究結果指出，孩子在成年之後依然會記得父母曾經偏心或在兄弟姊妹間做比較，導致自己受傷的經驗。小時後受到的傷害會刻印在孩子的身心靈，即使成年後，也依然會帶給孩子痛苦。

父母的核心能力並非經濟能力與情報蒐集能力，而是成為那道讓孩子能夠好好成長的陽光，也就是尊重孩子的心態。

父母拿著錯誤的標竿，不斷拿孩子進行比較，就是源於父母對自己的自卑與不安全感。

一定要反過頭問自己，是想要教導出一個會自我懷疑的孩子，還是想要教出一個了解自己優勢與特色，活出自我人生的孩子？千萬不要讓孩子成為解決你不安的工具。

孩子會學習父母的行為，也會學習父母生活的方式，如果想要讓孩子可以專注在自己的人生上且自我滿足的話，父母也必須以身作則。停止比較，你的人生就會改變，回過頭去看見自己的內在，培養自己的實力，就會迎來真正的自由。不要浪費精力左顧右盼，專注在自我的成長，這樣一來才能擺脫他人的目光，迎接滿足自我期待的人生。

如果總是拿自己的孩子與別人的孩子比較，孩子自然也會拿自己的父母與別人的父母比較，「別人的爸媽這麼好，為什麼我爸媽只能給我這樣？」孩子也會把向著自己的刀刃轉向父母，所以立刻停止比較吧！

跟孩子一起實踐看看吧！

1 不要再說「你看看你哥」、「那個誰又拿到了第一名」諸如此類的話。

2 當比較的想法浮現時，把焦點拉回到自己身上。

3 盡可能幫助孩子了解自己的價值，找到屬於自己的人生道路。

值得與孩子分享的故事

成功的人生

如果此時此刻你感到幸福，
那麼你的人生已經成功了，
只要知足，你就會變得富足。
那個人是不是跑在我的前面？
不要比較、也不要退縮，
上天給每個人公平的時間，
但卻有很多人不懂享受當下，
感謝並充滿希望與活力地展開上天賜與的每一天，
用堅定與愛的角度去看待相遇的每個人事物。
這樣的人生，才是成功的人生。

——《塔木德箴言選》

3-3 讓孩子在餐桌上獲得繼續生活的力量

全家人聚在一起吃飯，並不只是單純的吃一頓飯，而是一個豐富靈魂的時光。

美國前總統歐巴馬在忙碌的日常中，有一件事他絕對不會缺席，那就是與家人一起用餐的時間。他受到母親的影響，認為家人一起吃飯是一件很重要的事。歐巴馬的母親是在職單親媽媽，非常辛苦地把歐巴馬拉拔長大。總是忙碌的她，每天清晨都會把早餐拿到他的床邊，唸著故事哄著發牢騷的孩子，陪著孩子一起做功課。必須出門工作的母親，把早餐時間提前，陪著歐巴馬一起吃飯聊天，每次與母親共度的早餐時光，都讓歐巴馬感受到母親無限的愛。身為世界級領袖，一分一秒都十足珍貴的歐巴馬，卻堅持與家人一起用餐，令人感到意外。

希爾・馬戈林是KBS節目《學習的人類》的嘉賓，他身為猶太人，卻領養了韓國籍女兒，並成功讓女兒考上哈佛大學。他說在女兒去哈佛上大學之前，他從來沒有缺席過與她的任何一頓晚餐。希爾相信女兒莉莉在晚餐時間學到的東西，比他在這世界上任何地方學到的都還多。就算莉莉大學入學前非常忙碌，他們也從未停止過一起用晚餐。晚餐時間他們最喜歡的遊戲就是「why」，全家人會輪流問對方最近發生的事，並提出「為什麼」，一面對話一面討論。

曾經有人問過就讀哈佛大學的猶太學生，為什麼猶太人能夠在世界嶄露頭角，大多數學生都說最主要的因素是「與父母之間的對話與討論」，而這樣的對話與討論最常發生的地方就是在餐桌上。

餐桌談話的效果其實已經在全世界被多次證實。一九八〇年美國哈佛大學凱薩琳・斯諾（Catherine Snow）博士的研究團隊，對八十三個有三歲子女的家庭，進行了為期兩年的語言學習能力研究調查，結果發現「餐桌教育的效果最為顯著」。研究期間，孩子平均學會的詞彙量是兩千餘個，其中透過閱讀而學會的單字只有一百四十個，但是透過跟家人一起吃飯學會的單字，卻超過一千個以上，而且小學入學後，越是經常跟家人一起吃飯的孩子，學業成績就越好。

另有研究指出，家人聚在一起聚餐，家人之間會產生凝聚力且會感受到幸福。根據哥倫比亞大學的大學藥物誤濫用預防中心（CASA）研究指出，青少年經常跟家人一起聚餐的話，孩子與父母跟兄弟姊妹的關係都會優於無法經常跟家人聚餐的青少年。

明尼蘇達大學研究小組以四千名學生為研究對象，結果指出，家族聚餐的頻繁程度，與孩子的憂鬱症跟自殺比例成反比。此外，不常跟家人一起吃飯的孩子，抽菸的比例比經常跟家人吃飯的孩子多出四倍，喝酒與抽大麻的比例則是高逾兩倍左右。餐桌是教導孩子端正品行與培養人生智慧的教育場所。

與家人一起用餐的時間會豐富孩子的靈魂

猶太人幾千年以來都非常堅守餐桌教育。就算因為迫害而無法去學校和教堂，他們也會在餐桌上一起禮拜，家是教堂也是學校，父親扮演的角色就像是拉比。

猶太人只要能力所及，都會非常樂意與家人一起用餐、一起聊天和討論。即便遇到任何不如意的事，他們也一定會堅守安息日的晚餐時光。不管工作再怎麼忙、住得再怎麼遠，安息日當天，全家人會凝聚一堂，問候彼此的近況，享用特別的一餐。首先母親會將餐桌上的蠟燭點燃，然後獻上禱告，接著感謝母親這一週以來的辛勞，並為孩子們獻上祝福，開場後的用餐時光至少會進行三到四個小時，他們會從《塔木德》與《妥拉》開始討論，接著再鉅細靡遺地聊到每個微小的日常。

羅爾・浩威（Howe, Reuel L.）在他的著作《對話的奇蹟》中提到，「如果身體需要血液，那麼愛就需要對話。當身體的血液停止流淌，身體就會開始死去；而當對話停止時，愛情就會死去。死去的身體無法復活，但對話卻擁有讓死去關係復活的能力，這就是對話的奇蹟。」

愛始於了解彼此的心境，猶太父母在享用美食的同時，以平靜的對話跟子女維繫堅韌的關係。他們的原則是，就算孩子有做錯的地方，在餐桌上也絕對不能責罵或訓斥孩子。因為他們認為全家人聚在一起吃飯，並不只是單純的吃一頓飯，而是一個豐富靈魂的時光。

猶太父母會盡可能在餐桌上跟孩子聊天，這裡頭藏著猶太人的智慧。母親會為了不讓談話結束，分次端上美味的甜點與茶，也因為如此，猶太人的飯後甜點文化非常發達，催生了許多世界級的甜點公司。創立Dunkin' Donuts的威廉・羅森堡（William Rosenberg）、賀喜（Hershey's）巧克力的密爾頓・史內夫里・赫爾希（Milton Snavely Hershey）、哈根達斯冰淇淋的魯本・馬特斯（Reuben Mattus）、三一冰淇淋的伯頓・巴斯金（Burt Baskin）與艾文・羅賓斯（Irv Robbins）……等都是猶太人。

猶太父母在享用美味甜點時，也不會忘記對彼此的稱讚與鼓勵，就算遇到困難，他們也會從家庭中獲得安全感，成為彼此的助力。對猶太人而言，家是避風港，也是生活的平衡桿，在外頭遇到的壓力或創傷，都會在家人溫暖的談笑間漸漸消逝。

猶太人的餐桌，是讓他們維持初衷並凝聚在一起的地方。猶太人有著全世界最複雜、最挑剔的飲食紀律，即便他們散落在世界各個角落，也還是遵守著嚴格的紀律，以示自己是猶太人，他們的認知裡不是「我」而是「我們」這個共同體。他們只吃「合適」的猶太潔食，有很多不能吃的東西。蔬菜跟水果雖然都可以吃，但是只能吃有魚鱗跟魚鰭的魚類，也就是說像鰻魚、章魚、魷魚、蝦子、牡蠣、蛤蜊……等海產都不能吃。鳥禽類可以吃雞或鴿子，但是肉食性或雜食性的鳥禽類就不能吃，例如禿鷲、老鷹、烏鴉。肉類則是只能吃有善於反芻的胃且蹄子是分開的動物，例如牛、羊或山羊。至於蹄子沒有分開的動物（如馬、駱駝……等）或是沒有反芻胃的動物都不能吃。而且所有的肉類都需要按照猶太教律法一次宰殺，接著再用鹽去除所有血水。

最特別的一點是，他們嚴格禁止同時食用肉類與乳製品，也不能將其用來一起料理。例如漢堡裡受歡迎的起司漢堡，因為同時有肉類與乳製品，所以以色列不販售起司漢堡。因為奶油也算是乳製品，所以如果製作麵包的時候使用了奶油，就不能搭配肉類一起吃。

猶太人遵守如此嚴格的飲食規範，是因為他們認為這樣能夠控制人本身的慾望，也是走向聖潔的第一步。

猶太人在餐桌上，會感覺我不是「一個人」而是「一群人」，因而獲得在這個險峻的世界上能夠繼續堅持的勇氣與希望。與此同時，他們能夠透過飲食，培養禮儀以及實踐關懷與分享的品行。

一起吃飯是父母與子女分享智慧的最佳時光，透過深度的對話，孩子不僅可以獲得知識，還能夠獲得在這世界上生存的智慧。對話是愛的起源，愛的力量比我們想像中更強大。

如果在育兒、教育、工作、人際關係上每天都感覺像上戰場一樣，那就試著營造一個家居生活的平靜時光，如果你不知道從何開始下手，那就先從每週訂定一天「家族聚餐日」開始吧。

餐桌教育實踐方法

1. 每週至少要有兩天以上的「家族聚餐日」。
2. 在固定的場所及固定的時間聚在一起用餐。
3. 家人一起準備餐食、一起用餐，再一起善後。
4. 用餐期間不可以看電視或使用智慧型手機。
5. 邊聊天邊慢慢吃。
6. 分享彼此的一天。
7. 抛出「我應該怎麼做比較好？」這類的開放式問題。

8. 不嘮叨，也不說負面的話語，盡可能感同身受並稱讚孩子。
9. 不要打斷孩子的話，傾聽到最後一刻。
10. 努力打造一個幸福且令人享受的家族聚餐。

不一定每次都要準備有模有樣的晚餐，如果過於追求完美，會連第一步都跨不出去。至少先決定每週一次大家齊聚一堂的用餐時光，如果可以週間一次，週末再一次會更好。關掉電視與手機，從日常生活開始分享，當孩子說話的時候要記得附和，盡量避免講負面的話語，餐桌不是訓斥孩子的地方。重點是孩子在講話的時候不能打斷他，要聆聽到最後。孩子不會光靠吃飯就成長，能夠獲得父母的理解，孩子才會迅速成長。從現在開始像儲蓄一樣，一點一滴累積跟孩子相處的時間，讓孩子日後回憶起「我們家的餐桌」，內心就會充滿溫暖。

跟孩子一起實踐看看吧！

1 至少每週訂定一天以上的時間跟家人一起吃飯。

2 吃飯的時間不要急，必須讓人感到舒適。為了讓孩子能享受用餐時光，訓斥或嘮叨的話請利用別的時間再說。

3 傾聽孩子的話直到最後。

3-4 只屬於我們一家的安息日

孩子從小就要練習回顧及反省自己的人生。

協助孩子反省自我，培養保護自己的能力。

以色列的禮拜五晚上總會寂靜到令人難以置信。禮拜五到禮拜六晚上是「שבת」，也就是安息日，猶太人會放下手邊所有活動。猶太人在安息日到來之前就開始全神貫注準備晚膳，然後把家裡清掃乾淨。到了禮拜五，全家人會儘早回家，洗完澡後，換上最漂亮的衣裳，虔誠地淨化身體與心靈。太陽下山後，「安息日」就會揭開序幕，猶太人會停下手邊所有的事，包括準備晚膳這件事。因為點上蠟燭也算是一件「儀式」，所以在天黑前猶太人就先點上蠟燭，把所有食物準備完成。

在這天，大多數猶太人都會在安息日來臨前把要用的家電用品以計時器先設定好，夏天的時候也會把冷氣設置為自動每小時開關。但是安息日這天，是絕對不可以開火的，為了保持食物的溫度，他們會把食物放在烤爐或是有自動加熱功能的烤箱裡保溫。

過去數千年來，猶太人每個禮拜五從不間斷地堅守著規範複雜又嚴苛的安息日。六日戰爭就是一個能夠體現猶太人多重視安息日的極端案例。

一九四八年獨立的以色列，和鄰近的阿拉伯各國處於關係不穩定的狀態。一九六七年，埃及總統賈邁勒・阿卜杜・納賽爾（Gamal Abdel Nasser Hussein）派兵擊潰駐紮在西奈半島的聯合國軍隊並封閉海峽，接著禁止以色列船隻通過該領域，以色列與阿拉伯國家之間因此展開戰爭。這場戰爭中，以色列僅用了六天時間就一舉擊潰阿拉伯國家，獲得勝利。據說猶太人早已經決定只用六天的時間戰爭，隔天就要立刻進入安息日。這就是以色列，一個連戰爭都堅守著安息日的國家。

拉比莫迪凱・卡普蘭（Mordecai Kaplan）對安息日的形容如下：

「畫家不能一直不斷作畫而不停筆，而是要適時放下畫筆，以確保自己想表達的主題有無在畫布上完整表現出來。人生就像是畫圖一樣，而安息日就是停筆反省自己人生的時間。這麼做才得以讓我們用新的視角來檢視人生這張畫布，獲得嶄新的力量。」

「了解自己」就是邁向成功人生的起點

猶太人向來不會被工作追著跑，安息日的時候，他們會停下所有人生大小事，沉浸在自由的休息氛圍中，跟家人同聚一堂，一起吃飯、喝酒、遊戲，度過愉快又幸福的時光。

他們也會透過「閱讀」來自我思索，忘卻忙碌的日常，回顧自己，深度思考我從何而來？又該前往何處？現在走到了哪一步？想要的是什麼？所需要的又是什麼？

想要擁有成功人生的起點，就是先了解自己。

安息日對猶太人而言像是一份禮物，讓他們能夠在自滿時想到謙遜、在失落時重拾勇氣。十九世紀艾哈德・哈阿姆（Ahad Ha-am）說：「不是以色列一直守護著『安息日』，而是『安息日』一直守護著以色列。」

現實中許多令人驚豔的創意思維，都不是靠埋頭苦幹想出來的，多半都發生在意料外。古希臘優秀的數學家兼物理學家阿基米德就是在澡堂裡大喊：「Eureka！」（譯按：表達發現某件事物、真相時的感嘆詞）。他就是看著澡堂裡滿滿的水，才驚覺怎麼找出金冠裡是否有摻銀的方法。伊曼努爾・康德（Immanuel Kant）總會在固定的時間散步沉思，愛因斯坦則是透過拉小提琴和乘船為自己充電。

巴布・狄倫（Bob Dylan）生涯中最出名的歌曲《Like a Rolling Stone》，是在他宣布放棄作曲與退出音樂界之後，獨自隱居在一間小屋裡所創作出來的作品。這不都是因為他們知道何謂「休息的力量」嗎？

拉比納赫曼（Nachman）某天看著窗正外奔向某處的僕人，打開了窗戶問他：

「你今天看天空了嗎？」

「沒有，還沒機會看。」

「那麼你今天在路上都看到了些什麼？」

「人們、馬車們、商人們，川流不息，人來人往的樣子。」

「不管過了五十年還是一百年，你眼裡所看到的街道與市場都不會改變，但是我跟你都不會在這裡了。我問你一個問題吧，你著麼著急的奔波，能為你帶來什麼好處呢？連看一眼天空的時間都失去了。」

以上故事取自《塔木德》。

人是慾望的化身，為了滿足慾望而不停奔波。每週給自己一天的時間休息，回頭檢視自己，才能避免被慾望所凌駕。就像汽車要固定進廠檢查，我們也需要定期自我檢查，保留時間確認自己現在奔跑的速度跟方向是否恰當，有沒有找到正確的目的地，才能夠真正自我成長。漫無目地的奔跑是無法持久且長遠的，因為你根本不知道自己為何而跑，又應該要跑向哪裡。猶太裔作家瑪麗蓮・保羅（Marilyn Paul）在著作《休息的力量》中提到：

「放慢速度，緩緩地品味時間與空間，能夠賦予你活力與清晰的思維，接著你就能檢視自己的經驗，再修正未來的路徑。」

他建議大家可以在安息日的時候作下列幾項事情：

- 擺脫每週讓你感到窒息的工作。

- 不要做有效率的事，而是做有價值的事。
- 感嘆這世界的無所不奇，感受那神聖的力量。
- 拋開無盡的欲求，看見眼前的美。
- 什麼事都不要做。
- 拋開意義，享受藝術與創作性的活動。
- 享受、祝福、與人相處。

每天二十四小時與一千四百四十分鐘裡，我們有多少時間能夠面對「自己」？下班後無意識地拿出手機刷著社群軟體，或是跟朋友出去聚會，幾乎沒有時間「什麼事都不做」。每天像信仰般追求著滿滿的行程，連睡覺的時間都能犧牲。再看看韓國孩子讀書的時間長短，簡直是世界之最，無人能敵，孩子們也沒有反省自己的時間，活得汲汲營營。「忙」這個字，同時擁有著「亡」字與「心」字，而我們就這樣失去初心，毫無重心可言，然而那份我們看不見的「心」，其實才是驅動我們的原動力。

孩子從小就需要練習如何反省與檢討自己，要幫助孩子從小培養能夠自我反省、找到自我，以及保護自我的能力。

每週訂定一天作為屬於自家的安息日吧，不需要一開始就執行一整天的安息日，可以從一小時、兩小時、半天接著一天，循序漸進。家族安息日的時候暫時放下手機，休息的時候看手機其實會導致疲勞增加。把手機關機，一起聊天、一起散步，騰出時間跟辛苦了一週的家人共度，彼此感謝、激勵、安慰、用餐、玩耍吧。換個模式，不要再為了工作而休息，而是為了幸福而工作，這樣人生就會變得更加快意。

跟孩子一起實踐看看吧！

1 訂定屬於自己家的安息日。

2 騰出時間一起用餐、玩耍、互相鼓勵、激勵與讚美。

3 讓孩子了解，檢視自己的時間安排非常重要。

未來能力 4

與任何人都能自然相處的方法

猶太人的溝通教育

AI即將普及化的未來，對於專業性的要求會越來越高，專業領域的區分也會越來越細，所以合作與溝通能力就會變得更為重要。

在第四次工業革命時代，必須具備能夠融合各項價值的能力，還要能夠與不同個性的人相處。

猶太父母非常重視社會化，所以孩子從小就會被教導要有原則、規矩與責任感。特別重視團隊合作的猶太人，從小就會鼓勵孩子進行組隊活動。他們會告訴孩子，交友時要仔細聆聽對方說話，並且小心用詞。

猶太人也會透過學齡前的外語教育，培養孩子理解其他文化以及與各類人溝通的能力。

人際關係與溝通力在日後會越來越重要，因為它們無法輕易被機器取代。

4-1 慎交朋友，深交朋友

之所以近朱者赤，就是因為好的人會為彼此帶來正面影響。

有句俗語說：「只要看交友狀況，就能看出一個人的品格。」只要了解該人身邊都圍繞些什麼人，就能了解他本身是什麼樣的人。

人與人相處在一起，或多或少會互相影響。我當記者十五年來閱人無數，發現好人總是物以類聚，而喜歡說三道四，老是對事情抱持負面態度的人，身邊圍繞的人也都與他相去不遠，所以我認為「近朱者赤，近墨者黑」這句話之所以流傳千古，絕對有它的道理在。

結交益友是吸引好運的祕訣之一，只要遇見一個好人，接著就會遇到更多好人，給彼此帶來正面影響，創造正向循環；遇見不好的人，就會耳濡目染，一起陷入惡性循環。猶太人從小就教導孩子這個人生道理，所以猶太父母會千叮萬囑，告訴孩子要慎交朋友，他們認為「引導孩子正確交友」也是父母的責任之一。

猶太人對朋友的定義就是「能夠幫助自己成長的人」。《塔木德》中提到「找朋友時，要往更上一層樓找」，但所謂「更上一層樓」，並非要孩子去結交成績好或有錢的朋友，而是尋找在各方面有助於自己成長，能夠帶來正面影響的人。

猶太父母會很積極關心子女的交友狀況，他們會邀請孩子的朋友到家裡，觀察對方玩耍的樣子，也會去打聽對方在學校裡的表現。

一旦父母判斷這段關係不該繼續，他們就會斬釘截鐵地告訴孩子，希望孩子不要再和對方來往，因為他們知道，對方不但沒有值得仿效的地方，還可能會給孩子帶來負面影響。

他們會不斷向孩子強調，要找到值得學習的朋友，對未來才有幫助。然而，他們這麼做並不是要孩子透過交友獲取利益，而是希望自己的孩子能夠成為好人。

孔子也教導我們，朋友分為「益友」與「損友」，要盡可能接近益友，遠離損友。遠離損友跟結交益友一樣重要。猶太父母會告訴孩子，與其待在損友身邊，還不如獨自一人。

先成為一個好人

如果想要讓周遭都是好人，自己就要先成為好人。

猶太父母會教導孩子，自己要先成為那位益友。猶太格言裡有句話：「要把朋友視為自己的一部分，愛惜並擁抱他。」他們認為友情非常可貴，一段互相照顧、給予彼此正面影響的關係，才稱得上是真正的友情。

《塔木德》中的格言說：「與其成為關係不明的朋友，不如成為關係鮮明的敵人。」因此，猶太人一旦交上朋友，就會成為莫逆之交。也許你會想：「有必要做不成朋友就成為敵人嗎？」所以說《塔木德》中這句格言背後的意思，不正是鼓勵我們要深交朋友嗎？比起廣淺的關係，猶太人認為，交幾個知心好友才是最理想的。

猶太父母會不斷告訴孩子，要主動關懷他人，因為好事做得越多，就會有更多好事降臨在自己身上。自私自利又愛耍小聰明的人，即便看上去過得很好，事實上也不是那麼回事。以長遠的角度來看，人生就是「要怎麼收穫，先要怎麼栽」。

《塔木德》中還有句話：「即便朋友只給你蔬菜，你還是要以肉來回報他。」這句話就是在告訴世人，不要斤斤計較，要多關照朋友。世間萬物都是會迴旋的，不付出就不會有回報。

猶太人會告訴孩子，「關懷」不一定要是物質的東西，可以用溫暖的言語或行動，或是以任何心胸廣大的方式體現。

心胸寬廣的孩子，能夠擁抱整個宇宙，然而心中充滿欲望的孩子，心中連一粒米都容不下。寬大為懷的人，身邊總是會聚集好人，這是世間常理。就像經歷無數次花開花落的花朵，為了吸引蜜蜂與蝴蝶，也會產出花蜜。

「關懷他人」是猶太人從小就在培養的一種習慣。

對話的三二一法則

除了交朋友之前要先主動照顧別人以外，猶太父母還會強調另外兩件事，那就是「傾聽」與「關心」。他們會告訴孩子，傾聽朋友說話的時間，應該要比自己說話的時間多一倍。猶太人認為每個人都有一張嘴與兩隻耳朵，所以聽別人說話的時間理應比自己說話的時間多，而且要盡量問和對方有關的問題。

人際關係的起點，就是基於對彼此的好奇心，只要努力了解對方，對方也會為你敞開心門。

美國著名作家戴爾・卡內基（Dale Breckenridge Carnegie）指出，「真心傾聽」這種態度本身就是一種最棒的讚美。因為根據心理學，當有人願意聽自己說話，人們就會感到被尊重並獲得安全感。

美國商業雜誌《財星》在成功法則中提出了「對話的三二一法則」，指的就是「三分傾聽、兩分附和、一分發言」。自說自話的孩子很容易遭到孤立，因此能夠傾聽他人，給予適度關心的習慣，將會成為孩子的一大資產。

此外，「謹言慎行」在人際關係中也相當重要。猶太人是世界上數一數二講最多話的民族，所以他們非常看重跟說話有關的教育。畢竟「一言既出，駟馬難追」，因此說話必須非常慎重。

《塔木德》中有很多關於謹言慎行的格言，例如「舌頭比任何美食都來得美味，但也比任何東西都還要危險」、「魚經常一開口就上鉤，而人也是一樣」。

其中猶太父母最希望孩子注意的就是「不要毀謗他人」。猶太經典《米德拉什》中甚至提到，毀謗比殺人更具殺傷力，殺人的時候，你殺的只是一個人，然而詆毀他人，則會一次殺死三個人，也就是散佈謠言的人、聽者與被毀謗的人。

除此之外，猶太格言裡還有其他言及毀謗的部分，例如「毀謗他人的罪孽，比拿起兇器傷害他人更加嚴重。兇器必須靠近對方才得以造成傷害，但毀謗卻可以在遠距下造成傷害」、「燃燒的木柴只要用水就能撲滅，但是對於被毀謗而心懷怨恨的人而言，不管對方怎麼謝罪，心裡的火都不會熄滅」、「我們的手指之所以可以靈活運動，就是為了不要讓你聽信毀謗之言，所以當你聽到毀謗之言時，就快點用手堵住雙耳」。

然而，要教導孩子謹言慎行的最佳方法，就是父母要**以身作則**，多多在孩子面前讚美他人的優點，孩子才會有樣學樣。

猶太父母會從「該交什麼朋友」到「如何維繫關係」，逐一教導孩子社交上的人情世故。在孩子的成長過程中，與朋友建立良好關係的經驗，會成為滋養一生的珍貴養分。索倫・齊克果（Søren Kierkegaard）曾說：「人類的幸福，90％都來自人際關係。」

猶太家長會引導孩子跟益友一起成長，教導他們成為一個心胸開闊、樂於助人的孩子，懂得對朋友的言談保持興趣，好好聆聽對方，並且養成謹言慎行的習慣。

同時，他們也會告訴孩子，即便看似永恆的友誼，也會如同四季更迭，隨時都可能生變，倘若孩子在人際關係上遇到困難，就要讓他明白，緣分也會有盡頭，就像歌詞裡面唱的「春去春又來，花謝花又開」。

跟孩子一起實踐看看吧！

1 告訴孩子，要結交可以給自己帶來正面影響的朋友。
2 讓孩子了解「傾聽」與「關心」的重要性。
3 不要在孩子面前毀謗他人。

值得與孩子分享的故事

兩個朋友

從前有兩個關係很好的朋友，因為戰爭爆發，兩人因此各自離散在敵對的國家。某天，其中一人因為實在受不了思念之情，決定前往對方的國家去尋找他的朋友，結果因此被誤會是間諜，被當成死刑犯關進大牢。

然而，不管他再怎麼解釋自己不是間諜，都沒有人願意聽他說話，陷入困境的他，只好向國王請願。

「陛下，請給我一個月的時間回去故鄉，好讓我跟我的家人交代後事。一個月後，我一定會回來受刑。」

國王說：「憑什麼我要相信你的話？你能拿什麼做擔保？」

「我的朋友會為我做擔保，倘若我沒有回來，他會代替我接受死刑。」

後來國王傳喚了他的朋友，詢問他是否願意為對方做擔保，驚人的是，這位朋友竟毫不猶豫地答應了。

一個月過去了，最後一天的日落已至，承諾要回來的朋友終究沒有回來，國王便下令執行死刑。

然而，就在劊子手正要行刑時，遠方出現了朋友的身影，他大步走到國王面前說：「我已經回來了，請處死我，放了我朋友吧。」

國王深受兩人的友情感動，最後決定饒這對朋友不死。

國王說：「你們的友情真是美好，請讓我也成為你們的朋友，一起分享這份友情吧！」

自那天起，這對好友也與國王成為了朋友。

——出自《塔木德》

4-2 猶太父母的訓育法

若想培養出懂得與人相處的孩子，就要趁早教會他原則、規範與責任感。

猶太人非常重視在社會上與人相處，所謂「三根筷子折不斷」，他們非常重視「合作」這件事。他們相信，幸福與成功都是透過與他人和睦相處而獲得。小至家庭、民族，甚至整個社會的一份子，他們非常重視自己在這當中的角色，所以從小就會對孩子的原則、規範與責任感做扎根教育。

父母會教導孩子在社會上生存必須了解的是非對錯，培養他們的協調能力。這麼做並不是為了要教出「聽話」的孩子，而是想培育出「懂得與人相處」的孩子。

所謂的「訓育」，在字典上的定義是：讓孩子養成並學習校規等社會共同要求的行為與習慣。為了讓孩子適應團體生活，要讓他們養成符合社會期待的習慣，並在孩子違反紀律或做出不被期待之行為時，對其進行矯正。

訓育結合了「訓」與「育」，也就是「訓導並教育」的意思。請務必銘記，訓育不是生氣或責備，也不是怪罪孩子的錯誤，又或是以大人的角度去影響孩子的意志。

所謂的「訓育」，是要教導孩子如何明辨是非，選擇正確的道路。

猶太父母的說話習慣

隨著父母訓育的方式不同，孩子會以不同的方式成長。倘若對孩子過分嚴苛，孩子不僅會看父母的臉色做事，也會失去動力。

即便孩子表面上不會反抗，心裡的怒火卻會一點一滴累積，如果剛好又看到父母情緒失控的時刻，他們就會誤以為這是表達情緒的方式。

這些看父母臉色長大的孩子，做什麼都會沒自信，他們會擔心犯錯，導致事情還沒做就先退縮，避免嘗試，如此一來，他們在人際關係上也會遭遇挫折，有時還會造成叛逆或性格障礙等問題。

猶太父母認為「等待」和「耐心」非常重要，他們甚至覺得，沒耐心的人根本沒資格教育子女。若是到訪以色列，你經常可以在他們的家中、學校、街頭等任何地方，看到上面寫著「耐心」的希伯來文標語，而這個詞彙就源於希伯來文裡「苦難」與「痛苦」的意思。

猶太孩童每天都會聽到父母叫他們「要有耐心」，父母甚至在跟新生兒對到眼時，都會說：「耐心點，等我幫你換尿布。」

猶太父母不管有多累，都還是會以平常心訓育孩子。

在不發怒的狀況下進行訓育是很重要的，如同前述，所謂的訓育意味著教育，而非發脾氣、責備。

不管孩子年紀多小，猶太父母都尊重他們是一個平等獨立的人格，所以他們不會對孩子發火，倘若遇到情緒無法自控的時候，他們會暫時離開，等內心平靜下來之後再繼續訓育，這樣才能避免對孩子造成傷害。

「你怎麼這樣？」、「你做什麼事都一個樣！」，這種混雜著父母情緒的言語，會成為孩子一輩子的心理創傷，除了讓孩子感到害怕並產生反抗心理，其實並不能讓他們知道自己真的做錯什麼。因此，訓育時盡量不要帶入私人情緒會比較好。

那些夾雜著指責的話語，會一輩子留在孩子心中，所以對孩子說話時要特別小心。

「你就是這方面有問題！」、「你每次都這樣說！」猶太父母面對孩子時，會盡量避免使用以「你」為主詞的句子，他們會用「這樣做，媽媽會傷心喔！」這類的話語，將情緒傳達給孩子。

就算是在教訓孩子，他們也會盡可能地講道理，解釋到讓孩子明白，自己究竟做錯了什麼，然後再聆聽孩子的反省，並且提出日後要如何改善。

以上就是猶太父母與孩子維繫緊密溝通的說話習慣。

父母的訓育也要有原則

不混雜情緒的訓育，需要有清楚的原則跟基準，不管任何時刻，原則與基準都不會改變。猶太父母的訓育非常有原則，當孩子做出危險、傷害他人或違反社會規範的行為時，他們會立刻提出警告。除此之外，例如「電視可以看多久」之類的原則，都是透過跟孩子討論來達成共識。

訓育需要有一貫性的原則，當孩子犯錯時，絕對不能因為父母的情緒而影響教育，沒有原則的訓育結果，不但不能成功教育孩子，甚至還會帶來副作用。

猶太父母有時也會進行體罰，他們認為，持續對孩子的錯誤行為視而不見，反而會對孩子的將來造成負面影響，然而，他們即便是體罰，也會先訂好原則：

第一，不能使用手以外的體罰道具，因為猶太人認為手是養育孩子的工具。第二，絕對不可以打孩子的頭，因為頭部是「智慧的倉庫」。第三，父母不能帶有情緒進行體罰。猶太人相信，只有真正愛孩子的父母，才可以體罰孩子。

然而比起體罰，猶太孩童更害怕的另有其物，那就是「緘默」。重視溝通的猶太人認為緘默是最嚴厲的處罰。當孩子犯錯時，父母會給幾次警告，要是孩子屢勸不聽，他們就會禁止孩子做自己喜歡做的事。

如果孩子接受幾次體罰後，仍然惡習不改，那麼就會要求孩子進行「緘默」，目的是要這些無法溝通的孩子有自我反省的時間，再主動請求父母的原諒。

猶太父母在處罰孩子時，態度非常明確，但當他們決定原諒孩子的時候，就會不計前嫌地一筆勾銷。

猶太格言裡有句話：「不能威脅子女，只能選擇處罰或原諒。」為的是不讓孩子承受太多心理壓力，就算只是碎碎念，也會壓迫到孩子的心靈，從這點上看來，跟威脅並無兩樣，所以猶太人也不會對孩子嘮哩嘮叨。

責備孩子的時候，就要當頭棒喝，如果碎碎念的話，就會變成嘮叨，孩子就會聽不進去，父母保持明確的態度，分清好壞，給予適度處罰，孩子才能帶著健康的心靈成長。

猶太格言還說：「如果你用右手處罰孩子，那麼就用左手去擁抱他。」也就是說，處罰過後，一定要向孩子表達父母的愛意，猶太父母在訓育完孩子後，一定會抱抱他們，為的是告訴孩子「父母對你的愛依然不變」，孩子也會因此跳脫出被責備後受傷的心情，以平靜的心進入夢鄉。

佛洛依德也說，小時候，當母親責備完他之後，嘴上總會說著：「我的小摩爾人唷！」然後整夜抱著他入睡。

父母對待子女的方式，會對他們造成一輩子的影響。

其實親子關係需要運用到高度的人際關係技巧，然而我們卻往往輕忽自己對子女說的話、做的事。父母需要對孩子進行情緒控管，不能因為我要「教育」你，而表現出憤怒的樣子，這是訓育中最重要，同時也是最難的一部分，也因此，猶太人強調的「耐心」非常耐人尋味。

我個人認為，不管孩子犯了什麼錯，都不能進行體罰。每個孩子的資質不一樣，這世界也不存在所謂百分之百正確的訓育方法，但是希望大家銘記猶太人的教育方式，承認子女是平等的個體，並且以之為前提與孩子建立關係。

猶太人的基礎教育是以堅實的親子關係為基礎，孩子便由此開始學會與人共處的方法。

訓育並不是父母的權力，而是義務。父母必須向孩子表現出深厚的感情，並且要有原則與一貫性，找到最適合自己孩子的訓育方法，這就是父母的義務。對孩子而言，父母是這個世界的縮影，也是人生的指南。

只要讓孩子看見這個世界的溫暖，他就會勇敢地走入世界。

跟孩子一起實踐看看吧！

1 一定要分清楚訓育跟生氣的差別。

2 訓育的原則必須具有一貫性。

3 無論如何都要盡量避免責備的用詞。

小盒子

孩子犯錯時，猶太母親的祈禱

請賜與我智慧，讓我能夠回答孩子的問題，為他解決衝突，並教育他遵守律法。

請賜與我自制力，讓我能夠控制自己，不要火冒三丈，用責備與體罰踐踏我孩子的靈魂。

請讓我能忽略那些微不足道的厭煩與不痛不癢的錯誤。

請賜與我比任何人都要更強大的耐心。

請讓我能夠準確揣摩孩子的想法與心情，幫助我們互相了解。

即便在痛苦和挫折的時刻，也請幫助我不要忘卻第一次感受到孩子存在時的開心、孩子第一次邁開步伐時的喜悅，以及第一次將孩子抱在懷裡的歡喜。

請賦予我力量，讓我不管再累、再厭倦，都能為孩子繼續行動。

請賜與我開心、笑容與熱情，讓我能以信念和正面力量，自信地面對人生。

請讓我能夠緘默，讓我不會用刻薄的言語、嘲諷與責備的語氣，破壞孩子的靈魂。

請賜與我包容力，讓我能夠接受孩子本來的樣子。

請讓我在疼惜孩子的同時，也不會忘記疼愛自己需要被關照、理解與表達的內在孩童。

4-3 培養自我認同與社交能力

如果你想走得遠一點，那麼就得跟大家一起走；如果你想走得快一點，也要跟大家一起走。這就是猶太人從小就強調的團體精神。

猶太人靠著團結的力量創造鉅額財富。從歷史上來看，猶太人所到之處都會經濟蓬勃，無一例外。他們利用強大的團結力量，掌握整個商業權，也因此遭到當地既有勢力的迫害與流放。

在各種壓迫中，猶太人透過彼此的人際網絡促進金融貿易，從中世紀就開始自行創業，或是運營猶太人的「免費貸款協會」，他們的無息貸款回收率大概可以高達80%，而且成功的猶太人會償還比原先借款金額更高的價格，以幫助需要幫助的同胞。

至今猶太人仍稱霸整個創業生態鏈，Paypal 創辦人彼得・泰爾（Peter Andreas Thiel）將 Paypal 售出後家財萬貫，又因為在 Facebook 創辦初期就進行投資，如今已成為身價上兆的大富豪。由於 Paypal 的創辦成員幾乎都是猶太人，因此也出現過所謂「J-Connection（猶太人際鏈）」的陰謀論。

實際上，矽谷的猶太人派系相當驚人，Google 的共同創辦人賴利・佩吉（Larry Page）與謝爾蓋・布林（Sergey Brin）、Facebook 的創辦人馬克・祖克柏與雪柔・桑德伯格（Sheryl Sandberg）、傳奇創投公司——紅杉資本（Sequoia Capital）的麥可・莫里茨（Michael Moritz）會長等，全部都是猶太人。Twitter 的創辦人比茲・史東（Biz Stone）、賽富時的創辦人馬爾克・貝尼奧夫（Marc Russell Benioff）等，據說也都是猶太人。

追溯過往，Intel 的ＣＥＯ安迪・葛洛夫（Andrew Grove）、甲骨文公司創辦人勞倫斯・艾利森（Lawrence Ellison）也都出生於猶太家庭。也就是說，全世界幾十億人，都身處在猶太人所打造的網路與ＩＴ世界中。

猶太人以創業聞名，正是因為猶太網絡把手伸向全世界。

猶太人不只是貸款而已，還會互相分享人脈與知識，這點我們從以色列創業公司在那斯達克上市的數量，比全歐洲的那斯達克上市數量還多，就能略知一二。

在矽谷，猶太人只要遇到同民族的人，就會用盡全力互相幫助，在創業初期毫不吝嗇介紹或提供對方需要的人脈，行銷網絡、M&A與上市專家等。

猶太人在團體中，互相分享彼此的資訊與機會，打造強而有力的人際網絡。透過如此強大的團體，更奠定猶太人相信自己是「被選中的人」。

猶太人的力量，正是來自於彼此互相拉拔，團結一致。猶太人是唯一一個長期流離失所，沒有國家，但依然完整保有自己的語言、文字、宗教的民族。

從小就開始奠定的團體精神，正是引領猶太人走向成功的鑰匙。

猶太人際鏈

每當以色列發生戰爭，全世界的猶太人就會親自趕回以色列，或是在海外募款救國，由此不難看出猶太人強大的凝聚力。

猶太人有超過兩千年的時間散居於世界各地，卻從沒忘記自己是猶太人的本質。長達數千年沒有自己的國家且備受迫害，讓「團結即存，分散即亡」的思想深植於猶太人的腦海裡。

《塔木德》中也有出現「所有猶太人都對彼此負有責任」這類的話。他們常說「猶太人沒有乞丐」，因為他們認為照顧弱勢同胞是自己的義務。

猶太人從小就培養良好的團體精神，父母會不斷向孩子強調「一箭易折，十箭難斷」的道理。

猶太人帶著「上帝的選民」的優越感，他們不僅是一個宗教共同體，就廣義而言，更像是一個大家族。

「你們都是彼此的守護者，彼此的親兄弟。」猶太人持續堅守著上帝的旨意，就算人種、語言不同，只要是猶太人，都相信在物質或精神上互助是理所當然的。

從很久以前開始，猶太群體就會有免費住宿的地方，猶太教堂裡也會有募捐箱，用以幫助貧窮的猶太人，然而當中最驚人的是，只要你身為猶太人，就有權利從中拿走一週的生活費。猶太教堂裡有負責管理救助金的人員，每個禮拜五早上，他們都會去市場或各個家庭拜訪，收集救助金或物資。至少在猶太群體裡，不會發生因為沒錢而活活餓死或是沒錢看病這種事。也是因為這種互助的文化，才讓猶太人得以在長時間的迫害下繼續生存。

猶太人從小就會被教育，要時時意識到自己是猶太人，猶太孩子大概每兩、三週就會參加一次營隊活動，為的就是要讓他們學習如何以猶太人的身分在群體裡面生存。

孩子上學後，每個暑假也會參加夏令營，這裡有來自全世界的猶太孩子，他們會從中學習猶太人的歷史、傳統與希伯來文，與此同時，也能培養關心他人、責任感與領導力等能力。孩子也會自然而然學習如何跟來自各國的人相處，進而產生「我們是猶太人」的自我認同，積累對自己國家的民族情懷。

猶太人充滿創意人才的原因，就是因為他們不但能堅守自己的本質，還能接受各種不同的文化。

猶太人的社交訓練

猶太人透過團體生活學習在社會生存的方法，而且猶太父母非常重視「合作」。孩子不管去到哪都會以四到五人的小團體行動，比起獨自玩耍，他們更熟悉跟好幾個人一起玩。

由於以色列大部分都是雙薪家庭，所以孩子出生三個月後就會被送去托兒所，自然而然養成社交的能力。

以色列孩童從嬰兒時期就跟同齡人一起生活，按照規定好的紀律與時間吃飯、睡覺。在幼兒園裡也會跟同齡朋友組成團體，一起做東西或角色扮演，學習合作的方法，同時熟悉社會秩序與規定。

猶太人的合作精神在世界上隨處可見，美國好萊塢甚至可說是照著猶太人的想法在運作。

據說好萊塢從製作人、導演、演員、編劇、電影作曲人甚至服裝師，有一半以上都是猶太人。除了史蒂芬・史匹柏（Steven Allan Spielberg）以外，哈里遜・福特（Harrison Ford）、伍迪・艾倫（Woody Allen）、娜塔莉・波曼（Natalie Portman）、達斯汀・霍夫曼（Dustin Lee Hoffman）、勞勃・狄尼洛（Robert Anthony De Niro Jr.）等都是非常具代表性的人物。

我們常聽到人家說，音樂界或藝術家大部分因為個性鮮明、自由奔放，所以缺乏合作精神，但是猶太人在這方面卻令人驚艷，以堅強的凝聚力席捲整個電影界。

猶太人還會教導孩子，在團體中，除了合作，競爭也很重要，猶太父母從小就會透過勝負遊戲讓孩子熟悉競爭，甚至以色列的「Orda」教材也享譽全球。孩子可以透過這種遊戲，學習遵守規矩、找尋解決方法、合力戰勝、服從輸贏結果等。在這個過程中，猶太父母也會教導孩子如何接受失敗，並告訴孩子，當自己勝利時，也要關心落敗方的心情。

如果從小沒有好好培養社交能力，長大後就容易在校園裡被霸凌或排擠，就算孩子長大成人，這些負面經驗也會帶來持續性的影響。猶太人透過團體中的合作與競爭來學習社交能力，也因此他們不管身處何處都能和任何人打成一片。

如果你想走得遠一點，那麼就要和大家一起走；如果你想走得快一點，也要和大家一起走；如果你想變得強大，也得一起走。

讓孩子了解「合作」的價值，同時培養孩子對自己國族的認同與自豪。帶著驕傲一起努力，當我們團結起來，每個人才能真正發揮自己的能力。

讓我們一同期待，在世界舞臺上，也能出現不亞於猶太人的民族人際鏈。

跟孩子一起實踐看看吧！

1 提醒孩子團體生活的規範。

2 讓孩子感受團體生活的快樂與力量。

3 把民族榮譽感深植於孩子內心。

4-4 透過歷史教育，根植對自我民族的榮譽感

孩子能夠透過歷史，了解自己是誰、生命的目的為何、以及自己應該站在何方。

猶太人的歷史伴隨著傷痛，但是他們不會忘卻這份傷痛，而是努力學習寬恕，因為無法寬恕就意味著難以擺脫過去，「寬恕一切，但不忘卻」是猶太人面對歷史傷痛的態度。位於以色列的「猶太大屠殺紀念館」，原文名字為 Yad Vashem Holocaust Museum，是以「記住」與「名字」的希伯來文取名而成，也意味著後人會記住這些被犧牲的猶太人的名字。在這個地方為了讚譽奧斯卡・辛德勒（Oskar

Schindler）等幫助過猶太人的人們，還精心栽種了以他們命名的樹木。這個地方不只有猶太人，還有來自全世界的訪客，一起回憶這段令人傷痛的時光。

「若不記取教訓，歷史就會不斷重演」，這是刻在波蘭猶太大屠殺發生之地——奧許威辛集中營上的句子，猶太人為了不重蹈覆轍，將這份刺骨的歷史刻在自己的心底。

即便幾千年來流離失所，沒有國家，他們卻仍然可以不失民族性，這就是基於他們對「根」的教育。

逾越節對猶太人而言是最重要的節日，這天是為了紀念猶太人在摩西的帶領下離開埃及，結束被奴役的生活，並回到以色列的國土。逾越節這天，他們會吃祖先逃離埃及時所吃的無酵餅與苦菜，讓孩子了解祖先當時經歷的苦難，而這樣的教育讓猶太人的傳統與精神得以代代相傳。

了解歷史之所以重要的原因

對猶太人而言，苦難的歷史就是活生生的教科書，因此，父母會對孩子強調，絕對不能忘卻歷史，同時不忘叮囑他們，千萬不能讓歷史重新上演。

猶太父母會盡量避免讓孩子看電視，唯一例外的是，他們會讓孩子看記錄片，讓孩子親眼見證猶太人的歷史。他們毫不修飾地讓孩子看第二次世界大戰時納粹屠殺猶太人的記錄片，讓孩子自己去思考現在該做什麼，未來又該如何未雨綢繆，藉此讓孩子意識到自己是猶太人的一份子，並樹立對未來的目標。

這樣的歷史教育，自然會培養猶太人的愛國情操。以色列發生戰爭時，散落在世界各地的猶太青年會為了保護自己的國家而回到祖國。一九六七年，以色列與阿拉伯國家爆發戰爭，美國機場還甚至因猶太青年而癱瘓。人口不到阿拉伯共和國四十分之一的以色列最後拿下「六日戰爭」的勝利，這件事不過是歷史上的一個「事件」，卻讓以色列的領土擴大了四倍以上。

住在以色列本國的猶太人只有九百萬人左右，然而流散在全世界的猶太精神卻超乎我們的想像，他們不管身在何處，都會提撥一定比例的收入捐獻給祖國，周邊雖然環繞著阿拉伯國家，卻沒有任何國家敢輕易驚動以色列。

流散在世界各國的猶太人，有錢出錢、有力出力、有智慧與知識的人貢獻智慧與知識來幫助同胞，這就是猶太人的力量。猶太人父母會教育子女要以身為猶太感人到自豪並具備使命感。

猶太人具有強烈的血脈與民族精神，所以聽到同胞創下豐功偉業時，也會為此感到驕傲。

猶太父母會告訴孩子猶太人在各領域中拔得頭籌的故事，讓他們以身為猶太人自豪，如果新聞或故事中出現猶太之光，他們也一定會告訴孩子「他是猶太人」，如此一來，孩子不但會對該人感到好奇，也會與有榮焉。

孩子會帶著身為猶太人的驕傲與自豪，思考自己應該在這個世界中扮演什麼角色。

我們很常從現在的孩子口中聽到「我不知道為什麼人要學習」，為了解何為夢想及讀書的目的，自我認同非常重要，唯有「自我認同」，才能帶領你了解自己是誰、人生的使命為何、自己又該站在何處。

一旦失去自我認同，我們就會失去方向、感到徬徨，所以一定要讓孩子了解我們的根，才能喚醒他的自我認同，也才能找到自己想做的事與前進的目標。

同時也別忘了過去的苦難，並且教育下一代對自身的民族感到自豪。告訴孩子，千萬別忘卻過去的辛酸血淚，然而若是一味沉浸在憎惡與憤怒中，就無法往前走。一起和孩子細細品味猶太人「寬恕一切，但不忘卻」的教訓。

跟孩子一起實踐看看吧！

1 一起去參觀有歷史性的地點。

2 跟孩子分享有關歷史成功人士的相關故事。

3 告訴孩子身為本國人的特點，將民族認同感根植於孩子心中。

为孩子打造一個從小就能接觸各種外語的環境，因為外語是體驗多方文化的窗口。

4-5 AI 時代必須學習多國語言的原因

近來AI的口、筆譯技術高速發展，所以出現了一個問題：人工智能時代，人們還有需要學習外語嗎？

現在翻譯的技術日新月異，不僅可以翻譯像書本這類的文書，還能利用即時語音辨識，翻譯對方的語言，雖然準確度還有待商榷，但這只不過是時間問題。

如此一來，我們不但不需要努力學習外語，會外語的人也不會因此在社會上獲得特權，身為世界共同語言的英文也會變得毫無意義可言。但是，我們就真的不需要學習外語了嗎？

中國阿里巴巴董事長馬雲回答了這個問題：「語言是一種文化，人們在學習語言的過程中，會開始漸漸了解這個國家的文化。認同並尊重一個文化，才會獲得對方相對的尊重與認同，此時人們才能協同工作。我雖然沒有自小留學的經驗，但我認為自己比留過學的人更了解西方文化，因為我是透過一個語言學習他們的文化。」

不論AI口筆譯技術再怎麼進步，外語能力依然是一種力量。舉例來說，去電影院看一部好萊塢電影，雖然看著字幕，我們能夠理解內容，但是所感受到的樂趣卻遠比不上本身就聽得懂英文的人。

語言是了解其他國家文化的橋樑，再者，人類是情感的動物，無論人工智能多發達，人類還是會對可以用自己的母語跟自己暢所欲言的人產生好奇與好感，外來者只要說上一句當地的語言，當地人自然會對其產生好感。

一九六三年美國總統約翰・甘迺迪（John F. Kennedy）以一句德文留下人生最棒的演說：「兩千年前最值得被驕傲的一句話是『我是羅馬市民（Civis Romanus sum）』，而在現今的自由世界中，最值得被驕傲的一句話是『我是柏林市民（Ich bin ein Berliner）』。」

在蘇聯扶植下，柏林圍牆興建後，東德一直處在不知何時會被侵略的恐懼裡，而這場演說鼓舞了柏林市民。對德國人而言，這句德語比任何話語都更強韌，在他們心中種下對自由的渴望。

但倘若這句話是被翻譯機所翻譯過來的，德國人還會如此感動嗎？給人親切感的美國前總統歐巴馬，在每次到訪韓國時，一定都會用韓文說：「一起走吧！」如同數位時代中強調虛擬感，外語也會成為你獨一無二的武器。

外語教育越早越好

猶太人是一個沒有國家，在外流浪逾兩千年的民族，因為他們隨時都有可能被驅逐，所以父母也總是會陪著孩子一起看看有沒有更好的去處。在全球化時代來臨之前，他們早就把世界當作舞臺，開拓自己的生活。

為了讓孩子具備不管到哪裡都能適應的能力，他們很早就開始進行外語教育。想要在其他國家扎根，最大的阻礙就是「語言」，而語言學習的速度與好壞，將會是成功與否的核心要素。

語言不只能用來溝通，還象徵一個國家的文化、歷史、價值觀與生活習慣。對猶太人而言，語言與生存直接相關，因此猶太人的語言能力十分出色，大部分猶太人都有兩到三種母語，如果是接受過大學教育的猶太人，至少能駕馭三到四種語言。

雖然猶太人很重視「適性教育」，但外語對他們而言是個例外，因為他們認為，越小開始學習外語，學習的成效就會越好。除了希伯來語以外，他們還會教導孩子英語、法語、德語等各國語言。他們在家裡也會使用其他語言，猶太人的語言教育法就是讓孩子自然暴露在外語環境中。

猶太心理學家佛洛伊德的母親也從小就開始教他外語，也因此佛洛伊德能夠輕鬆駕馭拉丁語、希臘語、法語、德語等語言。在他十歲時，母親就將拉丁語的語尾變化貼在牆上讓他默背，佛洛伊德就會看著牆壁來練習。

猶太父母在教導孩子外語時最重視趣味性。他們會讓孩子透過各種遊戲、音樂、漫畫、電影等媒介接觸外語，他們還會打開世界地圖，或是親手製作世界地圖，把整個世界灌注在孩子腦中，讓孩子對各個國家產生興趣。

當孩子開始學會說話，猶太父母會每天唸希伯來文寫成的祈禱文給孩子聽。

等孩子約莫三歲時，就會開始教孩子認字，在這個過程中，他們會盡可能讓孩子感覺愉快，就像是吃著沾上蜂蜜的字母形狀餅乾的概念一樣，他們會一起陪著孩子學習文字，在進入小學後，大概也會學習二到三種語言。

最佳的學習語言動力，就是對該語言的需求。

以色列人很常使用英文，就連在看英語發音的電影時，他們也會不使用配音搭配希伯來文字幕一起觀賞，甚至連兒童漫畫也是一樣。

由於以色列人很常聽英文歌，所以他們能夠在自然狀態下熟悉英語發音與基本語法。此外，猶太人認為遠房親戚也是家族的一份子，因為他們經常會與散居各國的親戚見面，所以他們認為，如果要讓孩子能夠彼此溝通，就一定要學習外語。

喜歡旅行的猶太人，在出發旅行前也會教孩子幾句當地語言，鼓勵孩子直接跟當地人對話。

猶太人從小就幫孩子營造需要各種外語的環境，他們認為，親身體驗是最好的學習方式。擁有多種文化背景，加上外語會話的經驗，培養猶太孩子對世界的好奇心與開放的心態。

猶太人大致上比較外向，而且不害怕犯錯，因此他們能夠毫無顧忌地跟任何人對話，這種個性也成為在外語學習這條路上的助力。

外語是用以理解其他文化的工具

猶太人的傳統學習法——「哈柏露塔」在學習外語時也相當有用，隨著身體的律動發出聲音，跟朋友一起討論，在和夥伴對話的過程中，就可以發現自己哪些部分比較強、哪些部分有待加強。

此外，發出聲音能讓注意力與記憶力更上一層樓，因為聲音、口、舌頭、耳朵、眼睛等肌肉運動，會讓刺激腦部運動，此外身體律動的時候，大腦也會感到開心。猶太人總是會自然而然發出聲音，直到他們熟記為止。他們不管自己身在何處，在街上走路也會自言自語，或是跟朋友交替背誦，甚至會閉著眼睛回想自己背誦的東西。

Oxford Economic 指出，第四次工業革命最重要的能力就是「全球化經營能力」，而他們所定義的全球化經營能力，就是要能夠統率來自不同國家、不同文化背景的員工們，也就是對國際市場的理解能力、外語能力與文化接受度。而外語是用以理解其他文化的工具。

精通七國語言的「語言天才」——趙勝延作家曾呼籲「第四次工業革命時代，我們所學的英文不應再局限於閱讀和寫作，而是要學習真的能用來溝通的英文」。「過去我們為了能在短時間將韓國打造成富強的國家，因而學習英文，所以我們認知裡的知識份子，就是能夠閱讀英文書籍的人，但是閱讀文書與論文卻是ＡＩ最擅長的事。」

邁向未來的教育方法，可以被看作是猶太人的潛力也不為過。很多專家預測，未來工作上的國界將快速瓦解，所以能夠理解其他文化與具備溝通能力，將變得更為重要。

包含英文在內的所有外語，都是我們了解世界各國文化的工具，現今學習外語不再是為了考試而進行的短期投資，而是為了溝通所做的長線投資。願意熟悉一個國家的文化，並快樂地沉浸其中的孩子，將會是未來的棟樑。

盡可能幫助孩子透過外語去體驗不同的文化，擴大眼界與思考範圍吧！

跟孩子一起實踐看看吧！

1 告訴孩子學習外語的優點。

2 幫助孩子透過語言了解當地文化。

3 讓孩子覺得練習外語不是一種學習，而是遊戲。

未來能力 5

逆境使孩子堅強

猶太人的逆境教育

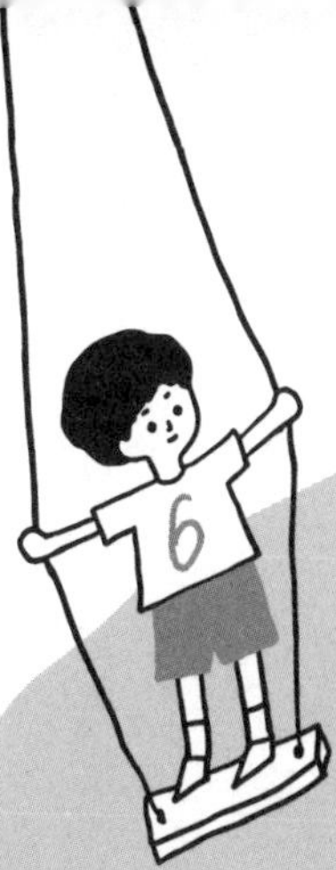

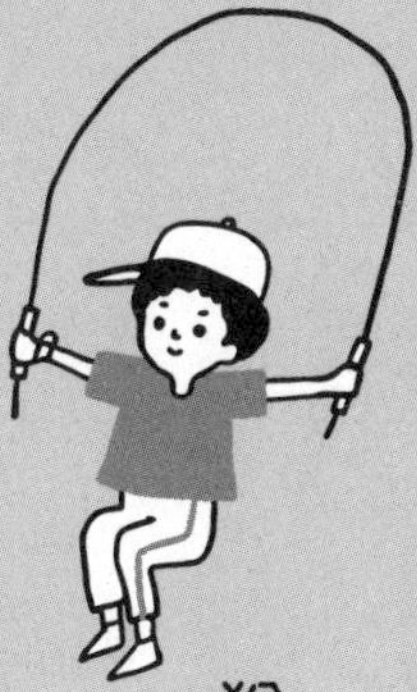

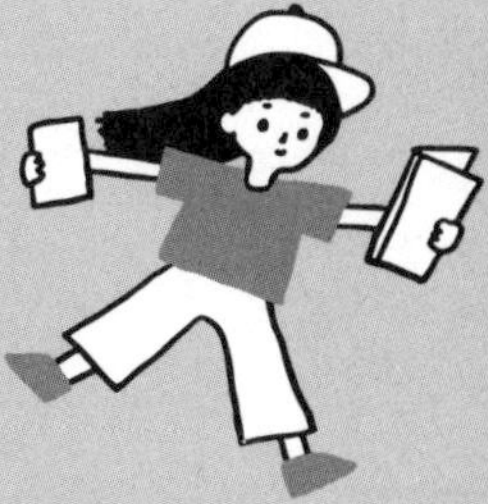

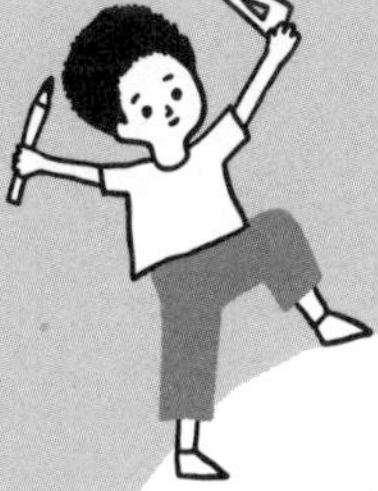

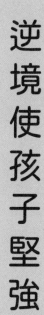

約翰・沃夫岡・馮・歌德（Johann Wolfgang von Goethe）對苦難的形容：

「困難的日子會使我們更加堅強，對於天才而言，出生在苦難的時代是一種幸運，因為這是一個舞臺，讓他可以一展長才，結束時代的苦難，開啟另一個新的時代。」

猶太父母不會毫無保留地教育孩子，而是會做某種程度的保留，進行逆境教育，藉此培養孩子自主獨立與解決問題的能力。如果是命中注定的事，那麼就培養孩子用幽默感笑著面對，就算再辛苦也能以樂觀的角度看待，對每件事都抱持感恩之心。

第四次工業時代中，我們不可能只靠一份工作生存一輩子。由於我們必須要嘗試各種職業，所以不怕失敗與逆境的自我生存能力非常重要。

愛你的孩子，就送他一份逆境當作禮物吧！

5-1 幽默感是人生的武器

聰明的人懂得微笑，如果是注定要面對的事，笑著克服才是明智之舉。

猶太裔精神科醫師維克多・弗蘭克（Viktor Emil Frankl）博士在第二次世界大戰時，被關在奧斯威辛集中營三年，他在隨時可能死亡的恐懼中，記錄並分析了囚犯的心理狀態，至今仍受到大眾喜愛的《活出意義來》於焉而生。他發現，處在這種生不如死的狀態下，某部分人卻能將試煉昇華為「有價值的東西」並克服它。

讓他們得以熬過困境的「奇蹟」之一，就是幽默感。他曾回想：「幽默是我們另一個靈魂的武器，為的是打贏自我這場戰爭。不過是短短幾秒鐘的事，卻能夠賦予人類重新站起來的灑脫與力量。」

對於遭遇千年磨難和迫害的猶太人而言，幽默感是「人生的武器」。即便落入懸崖之中，他們也能以猶太人特有的詼諧和風趣戰勝逆境，即便搭乘了一艘乘風破浪的船，猶太人也不會陷入悲觀與絕望之中，雖然被困在風雨之中會使人動彈不得，但是只要撫撫衣袖上的灰塵，繼續前行，總有一天會迎來平靜，而在風雨中前行的過程中，幽默感會成為偌大的力量。

猶太人認為，面臨無可避免的命運，能夠笑著度過，才是真正具有大智慧。只要幾個猶太人聚在一起，大多都會充滿幽默的對話，對猶太人而言，幽默是生活，也是一種智慧的產物。人類被稱為萬物之靈，我們與動物間的區別，就在於人類懂得如何微笑。

希伯來文的「幽默」一詞也帶有「智慧」的意思。猶太人會對沒有幽默感的人說「去把腦袋用磨刀石磨一磨」，就像刀子要磨尖才好用，他們認為腦袋也需要經過磨練才會產生幽默。

很少面向跟幽默一樣需要靈光乍現的才氣和創意。被猶太人稱作為「智慧寶庫」的《塔木德》中也充滿了幽默，《塔木德》有很多值得細細品味的幽默，像這種「需要反覆咀嚼才會理解」的《塔木德》式幽默，才稱得上是一種智慧的體現。

有一名身材矮小的猶太青年報考了位於加拿大阿拉斯加伐木工場的伐木工考試，面試官一臉不滿地看著這位青年，不過出於解決當務之急比較重要的立場，他還是先與青年簽了合約，卻沒想到，這位年輕人居然相當擅長伐木，於是面試官問他：「你以前有伐木的經驗嗎？」

「我在撒哈拉的時候做過。」

「什麼？你說撒哈拉沙漠嗎？」

「對，因為樹都被我砍光了，所以才變成了沙漠。」

「是嗎？哈哈哈。」

讓輕視自己的長官開懷大笑，把長官變成「自己人」，這就是猶太青年的幽默。

電影《美麗人生》講述第二次世界大戰時，被關在集中營的父親基多守護兒子的過程。基多害怕兒子約書亞看到集中營裡的慘狀，內心會受到衝擊，因此拚命掩飾事實，告訴約書亞：「我們正在玩一場有趣的遊戲，最先拿到一千分的人就能成為第一名，獲得一輛坦克車。如果不聽話或大吼大叫，就會被扣分，但如果能夠安安靜靜不被納粹抓走的話，就能得到一千分。」

然而基多仍逃不了一死，當他要被帶進毒氣室時，他看著自己的兒子，學習玩具士兵走路，到最後一刻都不忘保持笑容。而倖存下來的約書亞，最後在美軍坦克解放集中營的時候，還相信自己是遊戲的勝利者而開懷大笑。

長大後，約書亞才知道，當年多虧了父親的幽默，才讓他得以從殘酷之中生存下來，也才理解到越是困苦，笑容與幽默越能帶來前行的力量。

幽默可以跨越障礙，也能擄獲人心

「唯有懂得開懷大笑的人，才能夠以輕鬆的態度面對現實，重要的不是抗戰取勝，而是要能輕鬆以待。」這句話來自弗里德里希・尼采（Friedrich Wilhelm Nietzsche）。笑容可以帶領你不被現實埋沒，跨越眼前的障礙，找到其他可能性。

猶太父母會教育孩子，遇到困難時，要學習幽默以對，這樣才能抽離眼前嚴重

或令人不適的狀態，不被現況埋沒。

具備幽默感的孩子，就算在陌生的環境裡，也不會僵硬死板，能夠時時保持靈活與柔軟。幽默還可以培養孩子正面且樂觀的心理。

幽默也是創意的源泉，基本上來自於出格與逆向思維，有創意的人幽默感也會比較好，反之，如果持續保持幽默，創意力也會變好。

對懂得運用幽默這項智慧的人而言，萬物皆可以為師，他們能夠以各種角度去解讀人生的經驗，就算跌倒了，也可以透過幽默感來化解。

拉比馬爾文・托凱爾（Marvin Tokayer）說，存在於幽默中的「意外」就是創意的基礎，幽默必須有出奇不意的思維，打破既有的觀念。在靈活且自由的思維中，幽默與創造力都會不斷湧現。

愛因斯坦在獲頒諾貝爾物理學獎時，也大肆讚揚幽默的偉大，他說：「培養我的是幽默，能展現我極致能力的是笑話。所有人都認為遵守秩序很重要，但我認為，惟有推翻既有秩序，才能找到我們真正需要的新秩序。」

猶太界的金融大戶羅斯柴爾德家族也說過，幽默是自己最大的武器。猶太人把幽默視為是高度智慧的行為，因此在教育的同時也不忘培養幽默感。

具備幽默感的孩子，在同齡人當中也會比較受歡迎，所以猶太父母也會告訴孩子，我們可以透過幽默擄獲人心。具有幽默感的孩子，通常具有優秀的語言能力，在人際關係上也較有自信。想跟有趣的人長時間待在一起是人之常情，因此幽默是吸引他人的魅力資本。歷史上能夠名留青史的領袖，大部分都有卓越的幽默感。用荒唐的故事讓孩子開懷大笑，就能引領孩子未來成為一個具有創意的領袖。

美國前總統隆納・雷根（Ronald Wilson Reagan）是最有感召力的領袖之一，他總是用幽默感國民們帶來歡笑。

一九八一年，他被患有精神疾病的約翰・辛克利（John Warnock Hinckley）開槍打中胸膛，在被送去醫院的途中，他也不忘自嘲地說：「老婆，子彈飛來的時候我忘記趴下了，我明明在電影裡都演得很好。」這麼一說，讓他的支持率飛漲到83%，但是隔年又大幅下滑至32%，然而雷根卻對著心急如焚的幕僚說：「不要擔心，我再中一次彈不就好了嗎？」

喜歡微笑的孩子身體比較健康，面對不常笑、不喜歡吃飯且經常生病的孩子，猶太父母經常使用幽默這個處方箋。

現實中，每當我們大笑時，大腦就會大量分泌包含腦內啡等二十一種快樂賀爾蒙，其中一種名為腦啡肽的賀爾蒙，是非常優良的止痛藥，能夠提供比嗎啡強三百倍的緩解效力。

大笑一分鐘，跟做有氧運動十分鐘的效果相同，不僅可以降血壓，還活化心血管及肺部機能。被醫院宣布治療無效的惡性脳髓炎患者美國作家諾曼・卡森斯（Norman Cousins）也是藉由看搞笑節目讓疼痛感消失。卡森斯在著作《笑退病魔》裡稱幽默是「預防有害情緒帶來疾病的防彈背心」。

笑，是連癌症都能治癒的仙丹，如果不懂得微笑，那麼知識跟智慧都顯得微不足道。笑代表樂觀與從容，沒有時間發笑的人，會把自己逼到窘境，畏畏縮縮。笑同時也是磨練知性的磨刀石。要擁有能夠誘發笑容的幽默、風趣與笑話，就要稍微脫離現實看待事物。如果想要理解何謂幽默，就得擁有反應快速的思維、廣闊的知識與聯想力，以及不斷努力的訓練。

人生不過是悠長歷史洪流中的滄海一粟，我們雖不能選擇自己的人生，卻能選擇對待人生的方式。人生總有一帆風順的時候，順利時，我們會感到自滿，而面對逆境時，就需要讓人不致頹喪過頭的平常心。

教導孩子，如何在順遂時利用幽默展現自己，面對失敗時，又該如何利用幽默克服困難。從今天開始，試著跟孩子一起想辦法讓對方大笑吧，就算孩子的笑話不怎麼有趣，也要為他捧腹大笑，這樣孩子才會對幽默產生自信心。

幽默是智慧、逆向思維與創意力的源泉，懂得幽默的孩子，才能笑著走過人生。

「所有動物裡，只有人類會發笑，而所有人類中，只有聰明的人懂得怎麼發笑。」——《塔木德》。

跟孩子一起實踐看看吧！

1. 告訴孩子，越是困難的時候越是要微笑。
2. 就算不能理解孩子的幽默，也要盡可能為他捧腹大笑。
3. 陪孩子一起玩幼稚的遊戲，讓孩子了解何謂幽默感。

值得與孩子分享的故事

愛因斯坦的幽默

在一趟火車旅途中，愛因斯坦突然發現自己的火車票不見了，此時列車長正好要來查票。

列車長看著愛因斯坦說：「我知道您是誰，不要擔心，我知道您一定有買票。」

愛因斯坦微笑點了頭，向列車長表示感謝。

然而此時，這位偉大的物理學家，卻突然趴在地板上找起票來了。

列車長又說了一次：「博士先生，您別擔心，我知道您是誰。」

結果愛因斯坦回答他：「我也知道我自己是誰，但我現在不知道我要去哪。」

5-2 每天睜開眼，就從感恩開始

這世界上最幸運的人是誰？就是對自己擁有的一切感到知足且感恩的人。幸福只屬於懂得感恩的人。

「如果你的一隻手受傷了，就要感謝上帝沒讓你的兩隻手都受傷；如果你傷了一隻腳，就要感謝上帝沒讓你的兩隻腳都受傷；如果你的雙手雙腳都受傷了，就要感謝上帝，你的脖子還沒斷。如果你的脖子斷了的話，那也沒什麼好牽掛的了，因為上帝會在天國迎接你的到來。」

以上是《塔木德》裡記載的內容。猶太父母會時時提醒孩子不要忘記感恩，他們每天早上一睜開眼，就會先在床上說

「獻上我的感謝」，為的就是感謝上帝讓他能夠迎接新的一天。猶太人學刷牙前就要先學習說這句禱告文，這句話是猶太人第一句學會的禱告，而且他們終其一生每天都會禱告。

即便經歷無數的磨難與困境，猶太人依舊能夠以樂觀的態度面對人生，這就是源於「感恩的力量」。猶太人每日三餐進食前，都不會忘記獻上對食物的感謝。從《塔木德》裡〈亞當的麵包〉這則故事中就能看出，他們懷抱著多麼深厚的感恩之心：

「人類的祖先亞當，為了做一個麵包來吃，要先做多少事？首先，他要耕田，然後撒上種子，然後再收穫稻穀，把稻穀磨成粉末，接著還要揉麵、烤麵包。然而，現在我們只要有錢，走到麵包店就可以盡情購買現成的麵包，以前一個人要做的事情，現在則是透過許多人分工合作來達成，所以吃麵包時，也別忘了要對他人懷抱感恩之心。」

猶太人會在日常生活中找尋值得感恩的事物。

感恩的力量

感恩的力量很強大，當我們能夠對每件事都懷抱著感恩之心時，就能學會如何專注於自己喜歡的事物。

歐普拉・溫芙蕾是克服曲折人生的代名詞，他的母親是位貧窮的未婚媽媽，而她是在外婆的照料下長大成人，十四歲時，她被自己的叔叔性侵，成為未婚媽媽，而孩子卻在出生未滿兩週的時候就過世了，當時的她失去了活下去的意志，體重高達一百多公斤，但最後感恩的力量卻讓她脫胎換骨，成為給世界帶來歡笑的脫口秀女王。她是這世界上數一數二忙碌的人，然而她數十年來都保有寫感恩日記的習慣，從未懈怠。她在自己的書中寫道：

「常保感恩心並不是一件容易的事，但當你越不懂得感恩，就代表你正需要感恩為你帶來恩賜。在感恩的時刻才能抽離自己所處的狀態，以客觀的角度看待自己。而且不管你身處什麼狀況都能夠改變。懷抱感恩之心，你的頻率就會改變，負面能量將會轉為正面，我保證感恩絕對是最簡單且最能改變生活的方式。」

她每天都會寫下「感謝今天我依然能神清氣爽的起床」、「感謝上帝讓我能繼續眺望這片湛藍的天空」這類的感謝日誌。

一位所知不多的平凡猶太母親，卻能將孩子培養成如此優秀的人才，祕訣就藏在感恩的習慣中。

第一，教導孩子不管面對什麼狀況、遭遇任何事，都要抱持感恩的心，不管是大事還小事，都要讓自己成為一個懂得感恩的人。遇到困難，不要自怨自艾，忿忿不平，感恩再感恩。

第二，不要跟自怨自艾的人來往。抱怨也會傳染，如果想要活出成功的人生，就不要跟自怨自艾的人來往。

第三，接近懂得感恩的人。猶太母親會教導孩子要用感恩取代抱怨，感謝之門會帶領你走向幸福，但抱怨與不平衡只會把你越推越遠。

美國心理學家經過長時間的研究，發表了關於感恩的科學依據。他們指出，當大腦感受到感恩這類正面情緒，大腦的左側前額葉皮質會變得活躍，能夠有效降低壓力，並且讓人感到幸福。從生理學來說，感恩是壓力的緩解藥物，能夠降低人類對憤怒、生氣與後悔等負面情緒的感知。

加利福尼亞大學戴維斯分校的心理學教授羅伯特・埃蒙斯（Robert Emmons）

說：「懂得感恩人更能活在當下，他們能保持覺知，對每件事都維持正面積極的態度，也會覺得自己跟他人更親近。」

埃蒙斯教授曾經進行測驗，將隊伍分成兩組，一組要撰寫感恩日誌，另一組則是寫一般日記，經過一個月後，發現寫感恩日誌的那組中，有四分之三的人幸福指數都上升了，而且在睡眠、工作、運動等方面的表現也較佳。改變大腦化學結構與賀爾蒙，神經傳導物質也會跟著改變。

與其教導孩子成功或致富的方法，不如教導他們如何樂觀以待的方法

懂得感恩，會帶來積極正面的思維。日本松下電器創辦人松下幸之助曾說自己成功的祕訣是貧窮、虛弱的身體與不佳的學習能力。因為貧窮，所以他比別人更努力工作；因為身體虛弱，所以他比別人更懂珍惜健康的身體；因為學習能力不佳，所以他把世上每個人都當作是自己的老師。

感恩會培養我們用正面的角度解讀事情，就算外境狀態沒有改變，感恩卻有

助於讓我們用正向的角度面對。猶太父母利用培養感恩的習慣，教育出幸福又積極正向的孩子。

《塔木德》裡有句話說：「神會賜福給開朗的人，因為樂觀不只能帶給自己快樂，也能讓身邊的人快樂。」所以猶太父母除了感恩以外，也很強調樂觀。

正因為猶太人樂觀的民族性，才讓他們得以在兩千年來受到殘忍迫害卻依舊不屈不撓，堅守本性而生存下來。猶太父母會灌輸孩子「所有事都會好起來」的信念，所以每天都要過得幸福快樂，畢竟人生是一天一天串起來的。

然而，猶太人定義的「一天」跟我們有些不同，一般我們所謂的一天是指從早到晚的意思，猶太人卻認為，太陽下山才是一天的開始，因為他們相信「從黑暗迎向光明，比從光明開始迎接黑暗來得好」，這樣的思維方式就是猶太人樂觀主義的象徵。

猶太父母也會身體力行，讓孩子看見樂觀的樣貌。

《猶太媽媽給孩子的三把金鑰》的作家沙拉・伊麥斯（Sara Imas）曾說過，

小時候，她眼中的父親不管面對什麼樣的逆境，都保持始終如一的微笑，克服一切。她的父親由於納粹迫害，身無分文逃到上海，但是他利用了猶太人獨有的樂觀主義與智慧開始做生意，成功創業。父親即便忙碌，依然用盡全力教導她何謂樂觀。

她的父親曾經對她說：「沙拉，當妳遇到挫折的時候，妳可能會以為自己是這世界上最可憐的人，在這種時候，看看比妳更辛苦的人，妳就會了解自己的處境並不糟。就像影子無法獨立於陽光而存在，如果沒有不幸，我們就感受不到幸福。」

繼佛洛伊德後最受矚目的心理學家馬丁・賽里格曼（Martin Seligman）說：「如果希望孩子能夠活得幸福，那麼就不該教導孩子成功或致富的方法，而是要教導他們如何在受傷時還能保持樂觀。」

韓國青少年大部分都曾有過憂鬱症或曾冒出自殺的念頭，在這場無盡的競爭之中，孩子的心理病不少於成年人。

孩子需要的不是體力與智力，而是能夠守護自己內心的心理能力。

告訴孩子，只要能夠挺過寒冬，就能迎接春暖花開、果實累累的春天。不管面對什麼狀況，都要盡量幫助孩子找到最佳解決方法。

父母要先成為孩子的模範，在孩子的內心根植「我能做到」的信念，然後再送孩子一對「感恩濾鏡」，跟孩子一起感謝那些我們認為理所當然的陽光、空氣、家人與朋友，在找尋感恩對象的同時，培養出感恩的習慣，如此一來，你會發現值得感恩的事情越來越多。

內心強大的孩子不容易受外在影響，而是能夠過著幸福快樂的每一天。

跟孩子一起實踐看看吧！

1. 每天一起找尋值得感恩的事，讓孩子透過從日常感謝去意識到自己有多幸福。
2. 對人表達自己的謝意，當感謝的心交流時，會讓彼此更加親密。
3. 每當發現一件值得感恩的事，就在感恩存錢筒裡放入一枚銅錢。

值得與孩子分享的故事

拉比・阿基瓦的「感謝」

受到敬重的拉比・阿基瓦正要出發遠行，他帶上看書用的油燈、告知時間的公雞以及長途跋涉所需騎乘的驢子，以及一本聖經《妥拉》。

旅行途中，天色漸漸變暗，阿瓦基進到一個村莊，敲了其中一戶人家的門，詢問對方能否讓他住上一宿，卻被對方拒絕。

不僅如此，村莊裡所有人家都拒絕了他。然而總是懷抱感恩之心的阿基瓦心想：「上帝會為我做最好的安排，可能對我來說，睡在街上比睡在房裡更好吧！」

他以感恩的心情離開村子，繼續尋找過夜的地方。然而露宿街頭的他實在沒有睡意，所以他點上油燈，想來讀讀聖經，正好一陣風吹來，把油燈給吹滅了。

阿基瓦心想：「上帝總會為我做最好的安排，可能比起點燈看書，還是關燈對我來說比較好吧！」

於是他就這樣抱著感恩之心進入夢鄉。

當他入睡之際，卻聽到了狐狸的叫聲。不料驢子也聽到了，嚇得落荒而逃。

阿基瓦心想：「上帝總會為我做最好的安排，可能沒有驢子對我而言更有益吧！」

他仍然懷抱著對上帝的感激之心。但是驢子逃跑後嚇到了公雞，結果公雞就這麼飛遠了，留在他身邊的只剩下一本聖經。

第二天天亮後，當他回到村莊，卻發現昨晚一群土匪襲擊了村莊，把村裡的人都殺光後，搜刮了村莊裡所有的東西。要是昨晚阿基瓦也在村裡過夜的話，他現在應該早已被殺害了。

如果他開著油燈閱讀《妥拉》的話，阿基瓦也會被盜賊發現而殺害；如果驢子跟公雞跟著他的話，也會因為發出聲響，讓他被發現。

上帝就是用這種方式守護著懂得感恩的阿基瓦。

5-3 透過失敗，培養孩子重新站起來的力量

「失敗了也沒關係。」不畏懼失敗的孩子，才能創造出新的事物。

在聖經裡被稱為「迦南之地」的以色列，其實是自然資源非常貧瘠的國家。由於以色列不太下雨，所以經常缺水，即便被號稱「石油水庫」的中東國家包圍，以色列國土卻是連一滴油都沒有。以色列的國土面積更只有韓國的五分之一，然而他們在國際市場上的地位卻舉足輕重。

以色列約有近八千多間的新創公司，是僅次於美國矽谷的創業大國，也是創業比例最高的地方。即便與鄰國經常處於戰爭狀態，以色列依然能夠以知識經濟產業

崛起。連生存都受到威脅的小國，究竟何以能夠擁有如此大的影響力？

猶太人的原動力就來自於他們的 Chutzpah 精神，Chutzpah 是猶太人非常熟悉的希伯來語，具有「厚顏無恥、放肆、冒犯」等意思。索爾・辛格的世界熱銷著作《創業之國》中寫道「Chutzpah 精神」涵蓋下列七項特質：

一、打破框架。
二、質問的權利。
三、融入與協調。
四、接受危險。
五、目標導向。
六、堅忍不拔。
七、從失敗中學習教訓。

猶太人不拘泥於形式，而是追求自由的思維與行動。他們不分年紀和職位，在平等的關係中不斷提問，不管身處何處，都能夠自然融入人群。猶太人不畏懼失敗，能夠屹立不搖，不斷挑戰，就算失敗，也會善用從中獲得的教訓與經驗，再次嘗試挑戰，這就是所謂的「Chutzpah」的力量與精神。

這當中又以「不畏懼失敗」為創業精神之首。以色列政府會提供比首次創業時更多的培育計畫與資金援助給創業失敗者。

以色列的首都特拉維夫市每年都有一千多間新創公司誕生，雖然這當中只有2％能夠成功，但是以色列政府會為這98％的創業者撥出額外的預算，而且他們會提供援助給前20％失敗的創業人，失敗的責任完全由政府來承擔。而且以色列不會把創業成果反映於公務員的人事評核之上，就算沒有成功，政府也不會究責。

創新來自於無數次的失敗

猶太父母從小就會告訴孩子「不要害怕失敗」，因為沒有失敗就沒有革新，創新來自於無數次的失敗。倘若父母不告訴孩子這個道理，孩子就會因為恐懼而不去嘗試任何新事物，所以猶太父母一定會告訴孩子，結果不重要，重要的是用盡全力去嘗試的過程。

在猶太家庭裡，當孩子失誤時，父母會說「恭喜你」並為他鼓掌，為的是要安撫孩子對自己犯錯時內心的不安。「失誤也不要緊」這個概念，讓從小就受到父母穩定支持的孩子，面對失敗也不會害怕。

留下「失敗為成功之母」這句名言的發明王——愛迪生，為了發明燈泡，足足失敗不下一萬次，但是愛迪生並不將之視為失敗，反而認為這不過是發明燈泡必經的過程而已。

「為了發明燈泡，我試驗了九千九百九十九次，但都沒有成功，當朋友問我，難道我要再失敗第一萬次時，我告訴他說，這不是失敗，這只是讓我發現哪些方法行不通。」

因為有這些數不清的失敗過程，才能從無到有創造出東西。猶太父母會教導孩子，每個人都會失敗，而我們會透過失敗成長。

沒有失敗經驗的孩子，出了社會將遭遇更多困難，例如許多在校第一名的資優生，出了社會之後卻無法發光發熱。

失敗也必須要練習，才能夠從中學會重新站起來的方法。害怕失誤或失敗的孩子，會連試都不願意試。他們害怕失敗，因為摔跤後的他們，沒有再次站起來的力量。

拿球來做比喻的話，他們就像是砸到地板就碎成碎片的玻璃球，或是一砸就黏在地上的泥巴球。但是從小經歷過大大小小失誤與失敗的孩子，就會像皮球那樣再次彈起，有時候還會彈的比原本掉下來的位置更高。

「有許多失敗的人，並不知道他們放棄的時候，距離成功有多近。」，愛迪生如是說。

允許孩子犯錯吧！

猶太父母會培養孩子堅持到底的力量，他們會教育孩子，不管發生什麼事，都要保持耐心、循序漸進，最後一定能夠解決。

不管天生的才能有多麼優秀，如果沒有努力與耐力，才能只不過是一種潛力。面對任何事都能保持耐心的孩子，才能夠跨越過程中遇到的困難。就像化學反應有臨界點，孩子也必須跨越這個臨界點，才能夠獲得自己想要的結果。

猶太父母會幫孩子建立鍥而不捨的自信心，每當孩子完成一件事，他們也絕不會吝於稱讚。堅持不放棄、耐心與毅力，這些力量是引領孩子走向成功的關鍵。

生活中有時總會遇到難以跨越的鴻溝，要預想自己會失敗而放棄，還是要保持耐心與毅力跨越這份困難，取決於自己的選擇。但可以肯定的是，當你認為自己無法跨越這道鴻溝的時候，你就注定跨不過去。

《塔木德》中提到「滴水能穿石」，從這句話中，我們也能感受到猶太人樂觀的思維與堅定的態度。猶太父母會不斷在孩子耳邊重複：「你做得到」、「一切都會順利」，從小聽這種積極話語長大的孩子，在遇到任何困難時，都會想起像咒語般刻進心裡的那句話——「我做得到」。他們會鼓起勇氣接受挑戰，然後保持耐心朝著目標前進。

前任聯合國秘書長科菲・安南（Kofi Annan）曾說：「人類必須面對挑戰，才能發覺自己擁有的潛能，只有當我們需要發揮自我才能的時刻來臨，人類才能察覺到自己的潛能。」

猶太父母會教導孩子要不懼危險、果敢挑戰。挑戰中的失敗，是幫助我們了解什麼方法不可行的過程。

人生最大的危機，就是無法承受任何事情。不願承擔失敗風險的人，絕對不可能失敗，但這某種程度上其實已經造就了失敗的人生，因為這麼做不但不會有任何進步，也很難察覺自己的潛能。

「世界每天都在快速變遷，然而要讓自己徹底失敗的方式，就是不願承擔任何風險。」此話出自臉書創辦人馬克・祖克柏。

挑戰是邁向成功的道路，嘗試新事物的過程會收穫滿滿，當然也可能會失敗，讓我們失去很多東西，但是若沒了這些挑戰，我們也不可能擁有豐碩的成果。

如果當年哥倫布沒有挑戰新的航線，就不可能有發現新大陸。持續走在將危險最小化的道路上，就能夠承受風險。馬克・吐溫（Mark Twain）說：「二十年後，會讓你更感失望的是沒做過的事，而不是你當年做錯的事。所以解開帆索，離開安全港遠航吧。乘著風去探索、築夢，去發現新事物吧！」

請允許孩子犯錯，告訴他失敗也沒關係，支持他，讓他了解有些事只能從失敗中學習。

引導孩子去挑戰任何事物，培養一旦開始就永不放棄的精神。不斷鼓勵孩子，直到他能帶著耐心與毅力完成一件事，並把「你做得到」這句話烙印在孩子心中，這個信念可以幫助孩子承受風險、不畏懼失敗。

能夠擁有力量重振旗鼓的孩子，必定能在這片天下創造出新的事物，他們能夠把自信心作為武器，直到達成目標為止。

跟孩子一起實踐看看吧！

1 告訴孩子失敗也沒有關係。

2 培養孩子一旦開始就不輕言放棄的毅力與耐心。

3 告訴孩子「你做得到」，支持他接受挑戰。

5-4 逆境商數越高越容易成功的時代

不是給予一切就叫愛，有時候不給予才是一種愛。缺乏能帶來更大的成長，送孩子一份逆境作為禮物吧。

「我花了好長時間，觀察毛毛蟲要成為蝴蝶前破繭而出的景象，當時蝴蝶為了破繭，使盡渾身解數。我覺得費盡千辛萬苦的蝴蝶好可憐，所以拿了一把剪刀過來，在繭上面為牠戳了一個小洞……

「現在蝴蝶總算可以展翅翱翔了吧。我這麼期待著，但是蝴蝶卻拖著翅膀在地上掙扎，最後死去，因為蝴蝶沒有力量離開地板向天空飛去。蝴蝶是透過破繭的過程訓練翅膀的力量，但我那廉價的同情，卻剝奪了牠生存的機會。」這是昆蟲學家查爾斯・柯曼（Charles Kouman）的自白。孩子在成長的過程中，也必須要經歷自我承擔的過程，如果無法自行破繭而出，就無法獲得展翅翱翔於天際的力量。

猶太父母在孩子遇到逆境時，會選擇讓孩子自行解決，自己則在一旁守護。孩子在克服逆境的過程中，可以學習到耐心、意志力、自我主導與解決問題的能力。不斷經歷這些「小成功」的孩子，在面對任何狀況時都能夠相信自己辦得到而願意先行嘗試，即便失敗，也能擁有不放棄再次挑戰的力量。反之，一個沒有靠自己解決經驗的孩子，會因為害怕失敗而連嘗試的勇氣都沒有。

溫室裡的花朵沒有自我生存能力

過去兩千年的歷史洪流中，猶太人不斷受到迫害與磨難，隨著巴比倫尼亞的猶太王國在西元前五千年左右滅亡，隨後的兩千五百年來，猶太人四處遭到驅逐。他們流離失所，流散在世界各處，只能居住在被稱作「Ghetto」的猶太人聚集區。

十八世紀開始，歐洲各處的 Ghetto 崩潰，只有俄羅斯跟東歐維持到二十世紀。一九四〇年，第二次世界大戰爆發後，德國納粹在波蘭等領土設立 Ghetto，強制收容猶太人。儘管如此，猶太人依舊活了下來。

「埃及人、巴比倫人、波斯人在這片土地崛起，以無與倫比的成就豐富了世界，但是卻像塵土般灰飛煙滅。後續緊接著希臘與羅馬又發出響動，如今也消失得無影無蹤。（中間省略）猶太人目睹這些民族的興旺盛衰，打敗了他們，至今仍然維持著自己原本的樣子。猶太人經過如此漫長的時間，一點也沒有衰退，依然維持著過去的活力，還保持著敏銳且積極的精神。死亡可以淹沒一切，但猶太人卻沒有滅亡，其他所有強權國家都消失了，但猶太人卻留下來了，藏在這其中不滅的祕密究竟為何？」希爾・馬戈林在《學習的猶太人》中寫道。

猶太人「不滅的祕密」就是教育。即便處在隨時都可能被驅趕的狀態下，他們也不曾中斷對子女的教育。

他們在強調「終生學習」的同時，也會努力培養孩子在各種狀況下都能存活的自我生存能力。猶太人父母會告訴子女「要成為 Sabra」，所謂的「Sabra」就是仙人掌的果實，仙人掌即便生長在沒有任何一滴雨的沙漠中，還是能夠開花結果，而這句話就是要告訴孩子，不管面對什麼困難，都要結出屬於自己的果實。

即便無處為家，四處飄蕩，猶太人每到一個地方，就會開始尋找自己能做的事，奠定基礎。猶太人在德國被稱為「空氣人（Luftmensch）」，意指他們就像空氣一樣，到哪裡都能夠適應，成為被他人所需要的人。

「溫室裡的花朵不能用來裝飾庭院，只能被放在花瓶裡面。」這是取自《塔木德》裡的一句話。在溫室裡長大的花朵沒有自我生存能力，要有人為它調節溫度，適時澆水，細心照料，才能維持生命。

所謂的自我生存能力，指的是自我思考、判斷後採取行動的能力，也是主導人生的原動力。靠自己的力量解決事情，孩子在過程中能夠學會耐心與節制，同時也能培養出自信心與獨立性。然而沒有經過這種訓練的孩子，遇到一點點困難就會感到挫折，一蹶不振。

現在的父母從頭到腳都幫孩子打理得服服貼貼，一早起來就幫孩子準備好作業跟要帶去學校的物品，連孩子的校園生活和交友都變成父母的責任，等於是剝奪了孩子的自我生存能力。

如今不只有像直昇機一樣環繞在孩子身邊，一有事情就挺身而出的「直昇機家長」，甚至還出現了「冰壺家長」。

冰壺這項運動，為了讓冰壺前進，必須一直清掃冰面，而冰壺父母就是在孩子抵達終點前，不斷為他清除障礙物。還有另一種說法是，父母就像除草機一樣，不斷幫孩子清理所有障礙，被稱為「除草機家長」。

美國傳播理論學家保羅 斯托爾茲（Paul Stoltz）預測，將來AQ（逆境商數）比IQ（智商）和EQ（情商）更重要，AQ高的人才會成功。

所謂的逆境商數，就是指面對無數逆境都不屈服，利用客觀現實認知與合理的判斷，進而克服困難，達成目標的能力。也許成功人士並不一定很會讀書，但卻很難找到一個無法克服逆境的人。

對某些人而言，逆境是發達的槓桿，但對另一群人而言，可能是人生走下坡的開端，而猶太父母會培養出能把逆境當作墊腳石一躍而上的孩子。

缺乏能為孩子帶來更大的成長

猶太父母的教育哲學，就是要將孩子教育得很堅強，因為他們骨子裡明白，只有這樣孩子才能主導自己的人生。

猶太父母會首先培養孩子獨立自主，為孩子打造一個能用自己力量解決問題的環境。例如，整理自己睡過的床、收拾自己吃完的碗盤，接著再進一步讓孩子幫忙洗碗、打掃房間，擴大做家事的範圍，如此一來，孩子能夠透過自己完成事情，培養獨立與責任感，進而擁有自我主導能力。

有研究結果指出，從三、四歲左右就開始做家事的孩子會更加獨立。猶太父母在「逆境教育」中，必定會教孩子如何面對「不足」，也就是擁有物欠缺。

猶太人認為，填滿不足才會獲得成功，如果沒有不足，人就會失去渴望、積極與迫切，與賈伯斯說的「求知若飢，虛心若愚（Stay hungry. Stay foolish！）」一脈相通。

猶太人的潛力，來自於他們會不斷回想自己欠缺之處，再從中製造躍進的契機。猶太人每年逾越節都會紀念從埃及奴役中被解放的那天，表現出猶太人不忘邁向更好未來的意志與毅力。

猶太人透過他們不斷遭受迫害、受苦受難的歷史，教導孩子祖先的痛苦、忍耐、毅力與勇氣等精神，讓孩子感同身受。

他們必須連續一個禮拜吃著未經發酵、不太美味的餅乾，為的就是要紀念當初連發酵的時間都沒有，忙著逃離埃及的祖先，與此同時，他們還會喝象徵祖先淚水的鹽水，以及吃象徵奴役之痛的苦菜。

父親會不斷告訴孩子猶太民族所經歷過的苦難，告訴他們，痛苦隨時都有可能再度發生。透過告訴孩子殘酷的現實，讓他們更加珍惜人生，引導他們能夠在社會中生存。

就是因為匱乏，所以猶太人不斷地努力、挑戰，永不放棄，才得以延續至今。

猶太父母了解「匱乏」的力量，所以他們不會輕易聽從孩子的要求，就算是經濟狀況良好的父母，也會讓孩子在成長過程體會到不足，過程中，孩子也能學習到，當面臨到被拒絕時，要怎麼調解自己的情緒。

舉例來說，孩子想辦生日派對，但父母只會給予他們部分的預算金額，其他不夠的部分讓孩子自己想辦法補齊。以色列的街道上也有很多賣餅乾的孩子，在這個過程中，孩子能夠了解金錢的價值，逐漸體會自食其力的感覺。

猶太人是「書的民族」，他們也會從偉人傳記中吸取教訓，猶太父母也會與孩子分享克服逆境與苦難的偉人成功故事，然後問孩子「萬一這些偉人沒有遇到逆境會如何？」、「如果他們在面對逆境時受到挫折該怎麼辦？現在的他們，會不會只是個平凡人？」，保留時間讓孩子去思考「如果是我會怎麼做」以及「我想成為怎樣的人」。

歷史學家阿諾爾得・湯恩比（Arnold Toynbee）以「挑戰與回應（challenge and response）」的原理，詮釋了人類文明的起源。據他所說，優秀的民族並不來自於偉大的文明，好的地理環境也不一定能成就偉大的文明，文明的發展，取決於身處逆境的民族如何克服眼前的挑戰。

把這個原理套用在孩子上，就意味著腦袋聰明的孩子，不一定就有成功的人生，家庭背景優渥的孩子，也不一定能活得出彩，唯有能把逆境當作墊腳石，主導自己人生的孩子，才能在各個領域取得成功。猶太人把不足看作是渴望的源泉，而非遭遇挫折的藉口。

猶太人說，當孩子在練習站立時，如果感到孩子的腳有點搖搖晃晃站不穩，那就放開孩子的手，跌倒過無數次的腳，肌肉會變得發達，終究會能夠站立、行走、跑跳。

當父母果敢地放開孩子的手，孩子才能用自己的力量破繭而出，乘著這股力量努力飛向世界。

教育不是為了送孩子上好大學的「二十年短期計畫」，真正的勝負進了社會後才開始，沒有從小培養生存能力的孩子，最終就無法在這世上生存。

給孩子時間，讓他培養自我解決的力量，這樣的孩子才不會說「我辦不到」，而是會選擇「不管怎麼樣先嘗試看看」。

把匱乏、苦難與逆境，都昇華成「上帝給予的祝福」吧！

跟孩子一起實踐看看吧！

1 讓孩子幫忙做家事，培養孩子獨立自主。

2 透過「匱乏」讓孩子體會何謂迫切。

3 透過歷史或偉人的故事，讓孩子思考逆境的意義。

未來能力 6

培養孩子的經濟思維

猶太人的經濟教育

在這個不計代價追求金錢和物質的社會中，猶太教則是追求正義的富有——「清富」，他們與我們不同，對於談論金錢沒有忌諱。金錢是生存必備的工具，為了不讓孩子苦於貧困，他們從小就教育孩子正確的經濟觀念。

《塔木德》指出：「能傷害人類的只有三樣東西，煩惱、爭吵與貧窮，其中又以貧窮的傷害最為劇烈。」

猶太父母認為金錢教育越早開始越好，他們不直接給孩子零用錢，而是要他們透過勞動來換取，在日常生活中培養數字概念。

透過做家事，孩子可以了解勞動的價值，他們也會教育孩子要將零用錢分成三等份，分別用於儲蓄、消費與慈善，這種從小養成的習慣會跟著他們一輩子。

6-1

「金錢教育」越早越好

零用錢應該用勞動換取。讓孩子從小透過家事自己賺錢吧！金錢教育要從家裡開始。

通常說到有錢的民族，腦海中最先浮現的就是猶太人。除了羅斯柴爾德家族以外，「投資教父」喬治・索羅斯（George Soros）、「石油大王」約翰・洛克斐勒（John Rockefeller）、包含華納兄弟在內的世界五大製片公司創辦人、美國三大公共電視創辦人及經營人，以及華爾街日報創辦人，全都是猶太人。這些人只占世界人口的0.2%，卻擁有曼哈頓80%的建築物及30%的世界財富。美國《富比士》發表的美國前四百大富豪，其中將近有一百人是猶太人。

沒有國家，四處漂泊的猶太人，總是會給所到之處帶來繁榮的經濟盛況，我們可以從猶太人流傳幾千年的經濟教育中一探這其中的奧祕。

首先，猶太人從對金錢的認知與眾不同，大部分的宗教都強調要「清貧」，是猶太教卻是追求正義的富有——「清富」。《塔木德》中更是屢屢提到關於金錢的現實話題。

「貧窮比家裡遇到五十種災難更可怕」、「空無一物的錢包才是最重的」、「說錢不是人生的全部的人，一輩子都不可能存到錢」、「錢不僅是開啟許多大門的黃金鑰匙，也是能清除所有障礙物的黃金拐杖」……

從這些格言裡，我們能夠看出猶太人對金錢的思考方式，對於長年歷經苦難的猶太人而言，金錢是生存的必要手段，他們隨時有可能被流放他鄉，因此對他們來說，金錢跟生命一樣重要。猶太人雖然重視金錢，但也認為必須要以正當的方式賺取金錢，並且也要用對的方式進行消費。

教導孩子對金錢的觀念，是父母的義務

猶太人之所以能夠成為富豪民族，祕訣在於他們從小就執行嚴格的金錢教育。在孩子學會走路之前，爸媽就先讓孩子養成把零錢放進存錢筒的習慣。當孩子對數字有概念之後，他們就會自然而然與孩子分享金錢相關的話題，買東西時，他們也會讓孩子自己付錢跟找錢。

舉例來說，他們會幫助孩子理解「五百元要付五張一百元紙鈔」、「如果買八百元的東西，付款一千元要找多少錢？」等概念，雖然一開始對孩子來說有些困難，但孩子會因此逐步熟悉數字。猶太父母在生活中也會教導孩子關於金錢的概念、單位與價值，他們認為，如果沒有對孩子進行金錢教育，就等於沒盡到父母應盡的義務。

猶太人從小就會在生活中用數字量化一切，他們相信賺錢的根本就是要先熟悉數字。

舉例來說，我們日常會說「今天好熱」，但是猶太人會說「今天超過三十二

度了」。講到公司於規模時，他們也不會說「我們公司是中小企業」，而會說「我們是規模逾百人的公司」。以具體的方式表達，從小熟悉數字，是做生意賺錢的基礎。因為對生活中的數字非常熟悉，所以猶太人能夠發揮天生的心算能力，也讓他們能夠準確計算損益。

猶太孩子大約三、四歲左右，父母就會讓孩子做點簡單的差事，讓他們賺取零用錢，再藉此養成存錢的習慣。大約五、六歲時，他們就會讓孩子擦桌子、澆花、整理鞋櫃等。

猶太孩子不是定期拿零用錢，而是透過勞動來賺取零用錢，然後用自己攢下來的錢買想買的東西，或是拿去做公益。

猶太父母會要求孩子寫零用錢記帳本，確認孩子把錢花在什麼地方。猶太人認為「把錢花在對的地方」跟「賺錢」一樣重要，所以他們並不會堅持一定要節省，但相對的，他們會跟孩子一起討論哪些錢是花在刀口上，哪些錢是不必要的花費。

世界級富豪洛克斐勒也是從小幫爸爸做事，自己賺取零用錢，每次幫忙耕田或擠牛奶，隔天他就會把自己工作的內容寫在帳簿上，跟父親領取與工作等值的報酬。洛克斐勒二世雖然已經坐擁天文數字般的財富，卻仍然對自己的子女執行嚴格的經濟教育。

洛克斐勒每週六都會在家，要五個子女拿著零用錢帳簿，接受他的金錢教育。他以一個禮拜為單位給孩子零用錢，並要求他們詳細記錄錢的去向，並且還要求孩子把零用錢分成三等份，分別為私人用途、儲蓄與公益。

這種金錢教育是從洛克斐勒二世的父親——石油王大衛・洛克斐勒傳承下來的。有句俗語說「富不過三代」，但是洛克斐勒家族從十九世紀末到二十世紀初都維持「富貴人家」的不敗地位，祕訣就在於他們對小錢也絲毫不馬虎，總是堅持條理分明地用錢。

大衛・洛克斐勒三世在自己的回憶錄中提到：「沒有經過英明父母的引導，繼承遺產就像是一種詛咒。」

被譽為美國「經濟總統」的前聯邦準備理事會（FRB）主席——艾倫・葛林斯潘（Alan Greenspan）從小就從父親身上學會薪水、生活費、儲蓄與負債等經濟名詞，甚至連股票跟債券都學會了。這也讓他蟬聯五次聯邦準備理事會主席，十八年來掌管美國貨幣、金融等通貨政策的大權。

從父親身上學習到的經濟知識，成為艾倫人生的一大助力，所以一遇到機會，他都會強調盡早執行金錢教育的必要性，他也強調「孩子從小學就該開始接受金融教育」。

「隨著電腦技術的發展，新的金融產品如雨後春筍般出現，相關的費率和標的越來越廣，金融問題變得越來越複雜，但是人們卻完全不理解這些各種各樣的金融手段。如果想要擁有正確的知識，做出正確的金融相關決策，那麼就必須從小開始教育。」

喚醒孩子的經濟觀念

關於金錢的哲學與重要性當然會因人而異，雖然金錢不能成為人生的終極目的，但是不可否認，金錢是豐富生命的手段之一，因此猶太人非常重視金錢與經濟教育。

圍繞他們生活的所有教育，可說都跟「成為有錢人的方法」直接相關。猶太人甚至認為，如果兒女無法經濟獨立，是父母教育出了問題。《塔木德》中提到，「萬一父母沒有正確教育子女，當子女犯錯時，就不能讓子女獨自承擔這個責任」。

韓國不管是在學校還是在家庭，都傾向不提到與金錢相關的話題。大部分父母只會告訴孩子「不要操心，好好讀書就行」。其實我們有必要跟孩子分享家裡每月的收支是多少、應該存多少錢，日後的財務狀況為何，這麼做才能提高孩子的「經濟指數」。讓孩子做喜歡的事跟使他經濟獨立，兩者應該並行不悖。

史蒂芬・史匹柏的母親雖然支持著兒子對電影的狂熱，但同時也沒忘了要灌輸孩子經濟觀念。

「雖然拍電影是件帥氣又美好的事，但是你也必須去思考要怎麼賺到錢。你想賺到錢的話，就必須先精通數字、學會做生意。」

「我的夢想是拍電影，又不是做生意。」

「不管你將來想成就什麼，都要先了解數字和金錢。」

現在有許多大學畢業生，就業了之後仍然仰賴著父母，甚至連結婚後都無法達到經濟獨立，離不開父母。我們必須教育孩子在資本主義社會存活的能力，所以施行正確的「金錢教育」，應該由家庭做起。試著跟孩子一起實踐「金錢教育」吧！

金錢教育越早越好，在生活中自然教育孩子金錢的價值，養成孩子合理消費的習慣。先為孩子準備好存錢筒與存摺，讓孩子透過做家事來自己賺取金錢。

財富不會從天而降，具備「有錢人的習慣」才會成為有錢人，「有錢人的習慣」才是留給孩子最大的遺產。

跟孩子一起實踐看看吧！

1 跟孩子對話，一起決定零用錢的多寡。

2 除了固定的零用錢以外，讓孩子透過跑腿等勞動，了解金錢的價值。

3 讓孩子撰寫零用錢記帳本，練習如何進行計畫性消費。

4 寫完零用錢記帳本後，跟孩子一起檢討內容是否為理性消費。

6-2 在生活中讓孩子體驗賺錢的經驗

在生活中教育孩子如何賺錢、如何合理消費，以及如何讓金錢增值。

世界級石油公司——殼牌集團創辦人馬可仕・薩姆爾（Marcus Samuel），小時候透過幫爸爸在後巷擺攤，學會了如何做生意，跟爸爸一起工作的時間，讓他親身體會到了「稀缺原則」，他認為不管是多不起眼的東西，只要具有稀缺性，就可以高價售出。

他年幼時就曾一個人獨自搭船從英國遠渡重洋到日本，當時他想到用在日本海灘撿到的貝殼做生意，當時貝殼在英國並不常見，他靠著出口貝殼到英國賺了不少錢，這也是為什麼殼牌公司的商標是貝殼的原因。後來他跨越印度洋，買下了印尼原住民毫無興趣的石油，又開始從事石油生意。

多數的韓國父母，當看見孩子跑來自己做生意的地方，大部分都會訓斥孩子，說不如拿這個時間去讀書，但是猶太人不一樣，猶太家庭裡，大部分的子女都可以熟練地幫忙父母工作。不管父母是鍋爐工、洗衣工還是油漆工，孩子都會比公司員工更盡心盡力協助父母工作，過程中自然而然就學會了如何賺錢與利益分配等概念。除了教育孩子勞動的價值以外，還能在實際生活中對孩子教導金錢的相關教育。

同時他們也能實際教育孩子待客之道、管理金錢、收益和支出。孩子看到父母辛苦賺錢的模樣，就會產生要珍惜金錢的想法。

因為猶太兒女都很了解父母所從事的工作，所以他們在餐桌上也經常聊到跟工作和金錢相關的話題，這就是所謂的「經濟哈柏露塔」。

猶太父母會不斷和孩子一起分享該如何賺錢、如何進行合理消費，以及如何讓金錢增值等話題。

《塔木德》中說：「不教導孩子如何賺錢，就等於在教導子女如何成為小偷。」而猶太人將這個教誨貫徹在他們的生活中。

韓國學校也曾經以「未來體驗」的名義，實行陪爸媽上班的體驗計畫，但卻接二連三遭到家長抗議，原因是「窮二代」認為父母的職業會讓孩子蒙羞。這世界上所有的工作都不分貴賤，每件事都有其價值，都應受到尊重，但韓國社會卻仍對某些職業抱有偏見。

有人問經常面帶笑容的清道夫大叔：「叔叔，你為什麼那麼開心？」

「因為讓地球的一部分變乾淨，是一件值得開心的事。」

不管父母從事什麼職業，只要對自己的工作感到自豪、保持熱情，使命必達，那麼兒女不但會尊敬父母，也才會正確地成長。

透過家事讓孩子了解勞動的價值

猶太人從小就會灌輸孩子「世上沒有白吃的午餐」，猶太父母會透過做家事，教育孩子何謂「勞動的價值」，同時培養孩子的責任感與獨立能力。

明尼蘇達大學名譽教授馬丁．羅斯曼（Marty Rossman）的研究指出，從小做家事的孩子，觀察能力、責任感與自信心都會較強。此外，哈佛大學喬治醫學院的喬治．費爾蘭特（George Vaillant）教授三十五年來追蹤調查了四百六十五名十一到十六歲的兒童，發現成功的人，唯一共同的兒時經歷就是「做家事」。從小做家事，可以培養孩子的自尊感、從屬感、獨立等能力。不僅如此，做家事還會在男女平等意識與學習能力上帶來正面影響。

傑佛瑞．J．福克斯（Jeffrey Fox J.）在著作《報僮瑞恩》當中提到，巴菲特與威爾許等世界級富豪都是當過報僮。美國經濟雜誌《富比士》（*Forbes*）調查了四百名億萬富翁，結果發現他們之中大多數人都當過報僮，或是在加油站、洗車場、餐飲店等地方打過工。小時候從事辛苦的工作，從中產生對於勞動與金錢價值的認知，是促使他們成功的主要因素。

猶太人在子女長大成為青少年之後，會逐一讓孩子學習從事人們拒之惟恐不及的辛苦工作，為的是培養孩子生存的韌性。

被四處驅趕，最後仍然生存下來的猶太人，會告訴子女，任何人在任何時候都可能遇到逆境。現實中如果可以從事洗衣業、清潔業、修繕業、油漆業的人，不管到哪裡都能維持生計。

猶太人會培養子女面對任何事都能挺過去的自信心和自立能力。猶太人堅忍不拔的生命力隱藏在各方面中。

養成有錢人的習慣，第一步就是早晨起床整理自己的床鋪，也就是說，從微小的生活習慣開始培養「獨立」是很重要的。

要讓孩子從小就開始學會打理自己的事物，偶爾透過大大小小的勞動賺取報酬。能夠將財富代代相傳的豪門，絕對不只是單純把錢傳承給下一代，而是親身「從頭徹尾」實踐有錢人的習慣，並將其教育給子女。

身為父母的我們，有必要回過頭來反思，自己是不是把孩子教成了只會讀書的「笨蛋」？

跟孩子一起實踐看看吧！

1 從小就讓孩子積極參與做家事。

2 留點時間讓孩子了解父母從事的工作。

3 在生活中跟孩子分享賺錢的方法。

6-3 有錢人不是天生，而是教出來的

猶太人從小就在讓「金錢增值」，因為他們知道，錢不是「賺」來的，而是「滾」出來的。

猶太人十三歲的時候，會舉辦一個叫做「Bat Mitzvah」的成人禮，Bat Mitzvah在希伯來文中是「按照戒律生活的子女」之意。

成人禮結束後，他們就成為宗教上必須自我負責的成人了。他們會花大約一年的時間準備成人禮，並在十三歲的時候盛大舉辦，雖然規模會視每個家庭的經濟狀況而異，但一般都會盡可能盛大舉行。

這天除了父母以外，還會邀請親戚朋

友共襄盛舉，在高級飯店或度假村裡，可以看見寫著「Bat Mitzvah」的牌子。成人禮的主角與賓客都會像參加派對一樣精心打扮，一同歡慶。但是成人禮不是一個單純的慶典，舉辦成人禮的主角，必須在賓客面前，以希伯來文閱讀從小開始學習的猶太經文——《妥拉》，以示他們已經成為了猶太社會的一員。

成人禮的本質是「責任感」，猶太人認為孩子十三歲的時候就能夠自我負責，從此刻開始，孩子要自己判斷是非對錯。

成人禮當天，少年或少女會從父母及賓客身上得到三樣禮物——聖經、手錶、禮金。送聖經是代表，從此刻開始，父母不會再擔任中繼人，而是要孩子獨自與神覲見，也就是說他必須成為一個有責任感且不會愧對於神的人。而手錶則是要孩子遵守約定、珍惜時間。

這其中最引人注目的就是他們的禮金文化。就像我們的結婚典禮一樣，他們的賓客也會包禮金給孩子，而且金額還不小，據說在紐約的一般上班族，平均每人會包到兩百美金。如果賓客來了兩百人，就代表孩子會收到兩萬美金。親戚當然會包得比這個更多，有些爺爺、奶奶還會把這個視為遺產，包給孩子一筆鉅款。由此可以推算，紐約中產階級的成人禮平均可以收到五至六萬的禮金。

而這筆錢都將歸已經成年的成人禮主角所有。猶太父母會直接把這筆錢交給子女，並給予他們一些投資建議，所以猶太人從小就開始在讓「金錢增值」，《塔木德》中有一句教訓是「錢不是賺來的，而是滾來出的」。孩子會把這筆錢拿去進行儲蓄、股票、債券等分散投資，過程中，孩子自然會產生對實體經濟及金融的興趣，也會培養對經濟的感知。他們從小就開始學習自行計畫資產投資組合的方法。

雖然禮金會根據父母或賓客的身分而有差距，不過這筆錢，等到孩子出社會時，幾乎都已翻了一倍，等於猶太人二十歲出頭，就帶著大約一億元的資產進入社會生活，這也是為什麼猶太青年中有80%到90%的人能夠創業。

我們國家的年輕人，大部分都是抱著就學貸款出社會，猶太人卻是帶著特有的創業基金開始社會生活。

人生不是百米賽跑，而是一場馬拉松，然而我們在起跑時就輸了他們一大截，結果當然也會跟著不同。

從小養成的經濟習慣，會跟著孩子一輩子

猶太人可以說是理財基本原理——分散投資的始祖。猶太父母會特別跟孩子強調分散投資的重要性，告訴他們隨時保持警覺，當A賠了錢，就需要靠B和C來回本，懂得分散風險是投資的第一步。

在進行長線投資時，猶太人一定會把錢分成房地產、股票、現金等幾個項目，各自占比約30％左右，進行分散投資。不管投資標的有多明確，猶太人的原則就是不會把錢集中投資在同一個地方。

在分散投資的原則下，猶太人也喜歡寶石、現金這類容易攜帶的物品，原因來自於他們以前經常被各處流放，所以他們在投資房地產時，也比較偏好投資「不動產投資信託」這類的股票。

羅斯柴爾德家族是猶太界最具代表性的金融公司，同時也是國際經融界的巨頭，他們也將自己的子女分派到歐洲五個據點，分散事業的目的，就是為了分散風險。羅斯柴爾德家族透過在多個國家進行分散投資，降低風險，成功守住資產。經過兩百五十年，羅斯柴爾德家族至今仍然在世界各地經營著石油、鑽石、鈾、

紅酒、百貨公司、國際金融等領域的跨國大企業，掌控整個世界。許多富豪隨著戰爭或革命等時代變遷而沒落，但羅斯柴爾德家族卻靠著分散投資，屹立長達兩百五十年。

猶太人透過實戰金融投資，學習何謂「金錢增值」，猶太人的經濟力量就來自於他們的金融思維。

猶太人並非生來就是有錢人，而是被教育成為有錢人。他們透過跑腿、做家事來自食其力賺錢，然後把賺來的錢拿去投資，培養對經濟的興趣。幫父母工作的同時，親自體驗經濟交易，他們透過從事人人嫌棄的「3D產業」（取自於「辛苦」Difficult、「骯髒」Dirty、「危險」Dangerous的字首）學習勞動的價值，培養自我獨立與自信心。

從小養成的經濟習慣，將會跟著孩子一輩子。

跟孩子一起實踐看看吧！

1 跟孩子一起聊聊金錢是什麼。

2 讓孩子了解金錢增值的投資概念。

3 告訴孩子各種金融資訊，讓孩子知道如何讓儲蓄增值。

6-4 想成為有錢人，就要先懂得付出

要讓孩子了解助人的快樂，父母必須以身作則，孩子才會自然養成助人的習慣。

當臉書創辦人馬克・祖克柏宣布要將等同於99％的臉書持股全數捐贈出去時，整個世界一片譁然。當時他表示，他認為「應該為女兒和別的孩子打造一個更美好的世界」，祖克柏夫婦透過一篇《寫給女兒的公開信》，闡述自己對「更美好的世界」的具體想法，長達六頁A4的信件裡，包含了醫療、科學、經濟等各個人類領域所追求的理想，以及所需要克服的課題。

猶太人透過自身來實踐「Tikun ol lam」這種讓世界更美好的思想，而祖克柏就是讓我們看見他們如何實踐 Tikun ol lam 的例子。

猶太教相信，神所創造的世界本來就不完美，所以他們認為人類應該不斷改善這個世界，為完善世界做出貢獻。他們認為讓自己的週遭、社會，甚至整個世界更美好，是神所賜與的義務，跟我們所說的「弘益人間」類似。猶太人相信實踐 Tikun ol lam 後，神將會以任何形式賜與祝福。

每個猶太人家裡都有慈善箱

猶太人認為，慈善是幫助人類最好的美德。猶太人在遭遇困難時會彼此幫助，這使他們在沒有國家、顛沛流離的兩千年中，依然能夠茁壯生存，這項互助的傳統也一直沿襲至今。

每年《商業周刊》所公布的「前五十大鉅額捐款人」名單中，猶太人至少占了十五人以上。僅占美國 2% 人口的猶太人，卻占據了榜單的 30%。《猶太人期刊》所公布的「超級捐款人（每年捐款一千億美金以上）」名單中，也有 25% 至

30%是猶太人。

有統計指出，美國的捐款有一半都來自猶太人，從中我們不難看出猶太人對於慈善與捐款的狂熱。

究竟是什麼原因讓猶太人如此慷慨？

對猶太人而言，慈善是上帝的教誨，猶太教認為，慈善行為不是選擇，而是義務。希伯來文裡面也沒有「慈善」這個單字，希伯來文裡做好事或捐錢叫做「Tzedakah」，是「正義」的意思。

英文的慈善（charity）起源於拉丁語中的「照顧」，但猶太人不同，他們認為慈善就是一種正義，這也是猶太人為什麼會捐出天文數字的原因。

猶太人認為自己累積的財富也不屬於自己，對他們而言，金錢只是神暫時寄放在人類身上的東西。所以猶太人會告訴子女，給他們的錢是用來做好事的，不要把錢存著，要花在好的地方。正因為財富越多就能夠幫助越多人，所以猶太人認為致富也是一種美德。

韓語有句俗諺說「親戚買地肚子疼」（譯按：見不得別人好之意），但是猶太人如果親戚買地的話，他們會當作像是自己買地一樣，開心到跳起舞來。而原因就出在「捐款」，出現了一位會在人落難時伸出援手的親戚，是滿值得跳舞的。

對猶太人而言，做善事就像是洗臉刷牙這般自然。猶太人從小就會教孩子把錢放進慈善箱，養成助人的習慣。每個猶太人家裡一定都有慈善箱，而且被放在顯眼的地方。

從孩子還在媽媽懷裡開始，他們就會讓孩子親手把錢放進慈善箱。等到可以自己賺取零用錢的年紀，他們就會讓孩子自己賺錢做公益，舉例來說，他們會透過擦鞋、洗碗等勞動賺取金錢，再把賺來的一部分放進慈善箱裡。

等到家裡的慈善箱滿了之後，他們就會召開家族會議，討論要把這筆錢拿去幫助誰。不僅如此，在以色列街道上我們也能經常看見投錢進去慈善箱裡的孩子。猶太家庭也教導孩子要將所得分成三等份——慈善、儲蓄與消費。

猶太父母也會以身作則教導孩子行善。猶太企業家喬喬・勞巴赫（Jojo Laubach）每年普珥節時（譯按：猶太人為紀念古代從波斯帝國毀滅中倖存的節日），都會在紐約猶太社區中心舉辦慈善活動，而這種將捐款生活化的哲學，來自於父母帶給他的影響。

他說：「我的父母總是會參加慈善活動，他們透過各種活動募集資金，受到很多人的敬重，為我做了很好的模範，而現在我也是這樣教育我的孩子。」二〇〇一年，九一一恐怖事件發生時，世界貿易中心倒塌，勞巴赫的女兒便到附近的商場賣餅乾和飲料，將賺來的錢捐贈給犧牲者的家屬。

慈善的八個階段

猶太人認為慈善也有格調之分，《塔木德》中就將「Tzedakah」分成八個層次：

一、捨不得但不得已的幫助。
二、給予的比應給的少，但是樂於幫助。
三、收到請求後才給予幫助。
四、收到請求前就先給予幫助。
五、不知受惠者是誰，但受惠者知道自己的身分。
六、知道受惠者是誰，但受惠者不知道你是誰。
七、受惠者與施惠者彼此不認識。
八、幫助受惠者能夠自我獨立。

最有格調的「Tzedakah」就是幫助對方自我獨立，這種幫忙不只是物質上的幫助，而是動用各種情報與知識，幫助對方邁向成功。而受到這種幫助的猶太人，會把這份恩情拿來幫助其他人，這種善的循環成為今日猶太人獲得財富與聲望的源泉。

第七階段的「Tzedakah」，則是施和受者互不相識，這也是為什麼猶太界裡有很多慈善團體都用匿名進行慈善活動。

紐約就有個慈善團體，以匿名的方式送餐給有困難的人們。他們光準備一週的食物，就要花上一萬美金，而他們是以十美元、二十美元、五十美元這種小額捐款經營這個團體。每週三晚上，送餐義工都會蜂擁而至，而且一定會帶著自己的孩子，讓孩子們效仿父母行善，在幫忙父母的過程中，也同時體會行善的快樂。

猶太人透過公益活動讓孩子懂得感恩。每週都會參加匿名團體送餐活動的查爾斯・格羅斯（Charles Gros）表示，孩子一起參加慈善活動，會漸漸懂得感謝神賜與我們的東西，當看到無法擁有這些東西的人，孩子才不會認為自己所擁有的一切都是理所當然。而查爾斯的女兒扎哈夫・格羅斯（Zahav Gors）也表示，透過參與慈善活動，「讓她開始懂得感恩自己所擁有的一切」。懂得感恩自己的所有，才是一種真正的祝福。

父母如果行善在先，孩子也會成為一個懂得回饋社會的人，得到金錢所無法衡量的報酬。

付出多少就得到多少

儒家經傳《易經》的第一章有句話說：「積善之家，必有餘慶。」也就是說積善必定會有福報。韓國歷史上最受人讚揚的清富之家——慶州崔氏，透過幫助他人，保持萬貫家財，他們也一直謹守著「在崔氏家族方圓百里內不能有人餓死」，以及「不要累積萬貫家財，而是將財富回饋社會」的家訓。雖然這件事只維持到朝鮮末期，但這是朝鮮時代首屈一指的富貴人家，將慈善融入到生活裡的故事。

而吝於奉獻的有錢人，也確實在東學革命與韓國戰爭時歷經風霜，讓我們意識到行善的價值。把擁有的事物分享出去，當中所獲得的幸福與快樂，是任何東西都無法取代的。

猶太人在幫助他人的時候，也很強調要**尊重對方**，因為猶太人很忌諱接受幫助，所以猶太人會為了避免這種狀況而對每件事都全力以赴。

但即便如此，在不得不接受幫助的情況下，他們仍然會認為要對這件事抱持著羞愧之心。拉比煞買（Shammai）曾說：「當一個人帶著吝嗇之心，就算把全世界都送給了朋友，還是等於什麼都沒送。但當一個人懷抱著喜悅，就算他給不出什麼，依然像是送出了一份世界級大禮。」猶太人的捐獻與慈善的文化就是源於這樣的精神。

然而，有部分人並不看好猶太人的捐獻，他們指責猶太人的捐款只用在自己同胞身上，而且他們為了權勢，經常用善款作為賄絡。儘管如此，猶太人的分享哲學仍有值得學習的部分。猶太格言說：「世界建立於學習、工作與慈善之上。」意思就是，即便我們認真學習、努力工作，但少了慈善之舉，世界仍然無法正常運作。

回顧一下，是不是常常跟孩子說「擁有越多越好」？希望你能幫助孩子了解助人的快樂，讓他了解，這件事總有一天會以其他方式回報。

只要父母以身作則，孩子自然會效仿。

讓孩子也一起加入「讓世界更美好」的行列，孩子將會擁有「讓世界更美好」的宏偉願景，也會成為更有肚量的人。

跟孩子一起實踐看看吧！

1 家裡準備一個慈善箱，讓捐獻變成一種習慣。

2 教孩子把零用錢的十分之一捐獻出來。

3 讓孩子透過捐款或公益活動了解行善的快樂。

值得與孩子分享的故事

財產、家庭、慈善

從前某個王國裡住著一位青年，他有三位朋友。第一位朋友是他覺得最要好的朋友，第二位朋友雖然跟他不是很熟，但他還滿喜歡這位朋友，第三位朋友則是只知道彼此姓名的點頭之交。

某天，國王那邊捎來一封信，要求青年到皇宮去。青年開始在想，自己是不是犯了什麼錯，才會被國王傳喚，所以他打算帶一個朋友陪他一起去。

首先，他去找了自己最信任的朋友，解釋事情的原委，卻受到朋友無情的拒絕。無計可施的他，只好跑去拜託第二位朋友，但他只願意陪青年走到皇宮的入口。被兩位信任的朋友拒絕後，青年最後只好試著去拜託第三位朋友，但沒想到平時交情不深的第三位朋友竟回答：「我當然要陪你去，你又沒有犯下什麼錯，我陪你一起去見國王」，讓他甚感安慰。

這個故事中，第一位朋友就象徵「財產」，不管你跟它的關係再怎麼緊密，死後也帶不走。第二個朋友則是「家人」，雖然會在重要的時刻守在你身旁，但最後終究會分開。

第三位朋友則是「行善」，平常雖然不起眼，但即便死後，都還是會一直記得你，說明了惟有善行能永遠跟隨你。如果你身為猶太父母，一定要告訴孩子這個故事，讓他們了解幫助他人有多麼重要。

6-5 所有關係的基礎——信用教育

猶太人把契約看得跟生命一樣重要，因此，他們會教育孩子「守約」的重要性。從遵守父母與子女間的約定開始累積信用。

猶太人認為，「信用」是所有關係的重要基石。對長期四處漂泊的他們而言，信用就跟生命一樣重要。猶太人會因為欺騙和背叛等原因，失去全部財產或被判處死刑，所以他們認為「信用」比任何事情都更重要。

有句猶太格言說：「沒有信用的話，大門不會為你敞開。」所以在猶太人之間，如果有一次違反信用的記錄，日後將不能再進行任何交易。猶太人透過「一旦答應就會遵守」的好信用，在世界各國累積鉅額的財富。

猶太人被稱作「契約的民族」，他們相信人與神之間的關係也是來自於契約，他們認為，上帝透過摩西傳達的「十誡」，就是猶太人與上帝之間的契約，所以猶太人認為違反契約就是違反與神的約定，是對神的藐視，需要接受上帝嚴峻的審判。

由於猶太人很重視契約，所以一旦契約關係成立，不管面對任何事情都不會違約。沒有自己的國家，只能在別人的國土上經商的猶太人，為了克服對自己的不利條件，更加尊重彼此之間的約定。

出於這種信用，猶太人現在幾乎掌握了全世界的珠寶市場，特別在鑽石市場上，猶太人占比約80％。體積雖小但價格昂貴的鑽石生意中，信用就像生命一樣重要，而猶太人在交易數百萬美元的鑽石時，不使用現金或打契約的方式，而是會大喊「mazal（恭喜）」然後握手，象徵成交的意思。「mazal」在希伯來語裡具有幸運或命運的意思，這種鑽石交易方式，是猶太寶石商人長年的老傳統，象徵他們遵守契約且彼此信賴。

以信賴為基礎立足的人們

猶太人作為商人，有三件不能做的事。第一件事，不能對商品進行誇大不實的宣傳；第二件事，不能為了哄抬價格而進行飢餓行銷；第三件事，不能拿衡量商品的計量欺騙消費者。

從以前開始，猶太人就會進行計量管理，冬天和夏天使用不同的繩子測量物品大小，因為繩子也會由於天氣冷熱而有所增減，所以他們能夠彼此信賴，放心交易。

拉比拉瓦拉曾說，人死後到天國最先被問的一句話就是：「身為商人的你正直嗎？」，猶太人在經商的時候也很在意名聲的聖潔，換句話說就是不能玷污自己的名聲，不僅是自身跟家門，也不能讓整個種族蒙羞，因此他們做生意時童叟無欺。

成功的猶太人裡，有很多是基於信賴而起家的，全球金融企業摩根大通的成功神話就是最具代表性的案例：

一八三五年的華爾街曾經發生過一場大型火災，把六百多間建物全部燃燒殆盡。當時摩根大通的爺爺喬瑟夫・摩根（Joseph Morgan）是安泰人壽這間小型保險公司的股東之一，但這件事對保險業者而言，如果給付所有人賠償金，公司肯定會面臨倒閉，因此其他股東都要求要撤股，但是摩根卻選擇堅守自己的承諾，他拿出自己所有的財產，買下其他股東釋出的股票，還全額給付了賠償金。隨著這件事情傳出，讓安泰人壽搖身成為深受華爾街信賴的保險公司。

世界金融巨頭羅斯柴爾德家族也是用生命在捍衛信譽。法國軍隊攻打法蘭克福時，當時威廉一世伯爵站在反拿破崙的一方，他將重要的資料跟財產交給了當時身為管家的邁爾・羅斯柴爾德（Mayer Rothschild）。羅斯柴爾德將威廉一世的財物埋在自家庭院的角落，並且犧牲自己的財富，善用機智度過了危機。倘若當時羅斯柴爾德選擇連自己的財產都一起藏匿，那麼整個家門都會被法軍給奪走。

法軍離開後，羅斯柴爾德利用威廉一世藏匿的錢，開了一間小規模的金融公司。戰爭結束後，威廉一世伯爵回來找羅斯柴爾德時，他將當時威廉一世所寄託的財產，加上利息一起還回給威廉一世，但威廉一世卻說：「你給的利息，包括本金，我全數都不收回，我的錢在日後的二十年，都會用低於2%的利息委託給你。」

這個故事讓我們了解到，從他人身上獲得的信賴，是成功的種子。

遵守約定就是增加信譽的最佳方式

把契約看作跟生命一樣重要的猶太人，會不厭其煩地向孩子強調遵守約定的重要性，教導他們，不管面對多麼微小的約定，都務必要遵守，連小約定都無法遵守的人，當然不能保證能夠遵守更重大約定。

《第八個習慣》的作者史蒂芬・柯維（Stephen Covey）說：「沒有什麼能比出爾反爾更快摧毀一個人的信譽，反之，也沒有比遵守約定更能增加信譽的方法。」他勸誡，要是你還沒準備好遵守約定，那就不要隨便允諾別人。

猶太人為了可以教育出守信用的孩子，所以他們也一定會遵守跟孩子之間的約定，就算是再小不過的約定也一樣。如果有不可抗拒的因素，導致他們無法履行約定時，也一定會先取得孩子的同意。

猶太父母為了避免這種情況發生，不會輕易說謊或是許下約定，避免善意的謊言也是他們的原則之一，他們認為就算是善意的謊言，最後也會導致在孩子面前失信，對孩子造成不好的示範。

猶太父母在教育時也會剛柔並濟，當孩子遵守諾言的時候，就會稱讚並激勵他們的所作所為，但是當孩子不遵守諾言的時候，他們不會生氣或責備孩子，而是給予孩子「一天不能看電視」諸如此類的懲罰。想要得到信賴的第一步，就是遵守約定，一定要讓孩子了解遵守約定的重要性。

「對孩子許下人任何承諾，都一定要遵守。不遵守承諾的話，就如同在教導孩子如何說謊。」──取自《塔木德》。

跟孩子一起實踐看看吧！

1 務必遵守與孩子的約定。

2 當孩子遵守約定時，要給予具體的稱讚。

3 當孩子不遵守約定時，不要用責罵的方式，而是給予適度的懲罰。

6-6 為什麼猶太父母要送孩子手錶當禮物？

良好的時間管理，就是在創造人生。有效率的時間管理方法，會讓孩子成為能夠駕馭時間的富人。

猶太孩子十三歲時會舉辦成人禮，此時父母一定會送一只手錶作為賀禮，意味著要孩子珍惜每一分一秒。猶太父母從小就會告訴孩子關於時間的重要性，並跟孩子分享要怎麼運用跟生命一樣重要的時間。所以猶太孩童會自己計畫每天的待辦事項，決定事情的優先順序。但這裡的重點是，訂定的計畫必須在自己的能力範內，不合理的計畫會導致事情無法如期完成，如此一來就很難養成時間管理的習慣。

哈佛大學教授理察・賴特（Richard Wright）十五年來，訪問了一千六百名哈佛大學生中成績較優良的學生，調查了他們的共通點，發現時間管理良好的學生，毫無意外的學習成績都較好。賴特教授分析「他們會訂定目標，然後以重要性決定事情的優先順序，所以能在不被時間追趕的狀態下，完成自己想做的事」。

為了達到有效的時間管理，要先訂定目標，然後確定具體的計畫，接著再考慮事情的優先順序，並且依序實踐。透過這樣的練習，孩子將來就能成為「時間富翁」。

時間管理大師羅塔爾・賽維特（Seiwert, Lothar J.）說：「花在自己身上與人生喜悅之上的時間最有價值。」

希望父母都能幫助孩子管理自己每天的目標，讓孩子感受到完成事情所帶來的喜悅，這才是最棒的時間管理，也是時間管理所帶來的禮物。

良好時間管理的意義

時間是公平的，每個人的時間都是有限的，金錢可以借貸、勞力可以用錢購買，但是時間卻是無法借貸、無法購買、也不能變多，已經流逝的時間就無法再回頭。

管理學之父彼得・杜拉克（Peter Drucker）曾說：「能夠達成與無法達成目標的人，區別就在於時間管理。」但是很多人卻把時間這項「獨特又無可取代的資源」視為理所當然。

我們經常把時間比喻成金子，但對猶太人而言，時間卻是生命。金子能夠買到物品，但時間卻無法用金錢買到。

對於不相信「來世」和「佛教輪迴思想」的猶太人而言，會為當前的人生盡最大的努力。他們明白時間有限的道理，所以一刻都不得虛度。猶太格言中有句話說「不要讓時間被偷走」，意味著不要因為他人而浪費自己的任何一分一秒，猶太人認為時間就跟金錢一樣，都有可能被偷走。

也因此猶太人經常用「一分或一秒值多少」的概念在做事，對具有這種思維的猶太人而言，浪費時間就像失去金錢或金銀財寶一樣。對月收入三十萬美金的猶太人而言，一天就是一萬元，一小時就值一千兩百美元，所以一分鐘也就等同於有二十美元的價值。

他們不會把任何一分鐘浪費在無謂的事情上，工作時也會盡可能長話短說，把注意力放在計畫好的工作上。

在開會時，猶太人也會明確訂出會議時間是從幾點幾分到幾點幾分為止，面談時間也只會抓三到五分鐘，時間管理非常徹底，就算朋友之間也是公私分明、事無鉅細，猶太人在工作的時候不會參雜個人情緒。然而猶太人的這種特質，讓許多人對他們產生怨言，卻也因此獲得「把事情交給猶太人就能放心」的美譽。

猶太人在約定時間的時候，會以五分鐘或十分鐘為單位，如果對方不守時的話，他們是不會等人的，也不會延期到下一次，他們的原則就是「絕對不跟不守時的人談生意」，因為他們認為守時是基本中的基本，連這點都無法做到的人，也一定無法如期履行交易。猶太人相信不管再小的約定都攸關自己的信用，所以一定會遵守約定。

他們認為「守時」是誠信的標準，總是準時赴約的人就會獲得他人的信賴，也會從他人身上獲得好評；反之，總是遲到的人，很可能對每件事情都糊里糊塗，過著沒有條理的人生。

社會上越是成功的人，越遵守時間約定，不僅不會遲到，大部分還會提早到場等候對方。「石油大王」洛克斐勒的母親，在他小時候就叮囑過他兩件事——禮拜開始前三十分鐘就要抵達教會，然後一定要坐在最前面。這兩件事雖然看似微不足道，卻是信譽的基本守則。

對待時間的態度，決定一個人是否成功

《塔木德》對時間管理的重要性說道：「把每天都當成是最後一天，把每天都視為是新的開始。」《一百六十八小時》的作者勞拉・范德爾坎 (Laura Vanderkam) 說：「時間不是管理而來，而是創造出來的。」

創造時間就等同於創造人生，每天一小時，一週就有七小時，一個月就有三十小時，而一年就有三百六十五小時，對待時間的態度，將決定一個人能否成功。

善於利用時間的人可以完成比別人更多事項，還能游刃有餘，因為他們能夠在合理的範圍內訂定計畫，然後在期限內達成。

對待時間的方式會決定我們的命運，因此越早讓孩子學習時間管理越好。試著讓孩子訂定自己一天的計畫，然後跟孩子一起檢討有沒有遵守計畫，檢視休息

與遊戲的時間有沒有適當分配。

讓孩子養成在時間內完成目標的習慣，微小的成功有助於習慣的養成，善於管理時間的人，將會創造價值。即便只有三到五分鐘，有沒有好好利用都會產生巨大的差異，當孩子了解到零碎時間的力量，將來必定會成為時間管理達人。

跟孩子一起實踐看看吧！

1. 讓孩子認知到良好的時間管理，反而會使自由時間增加。
2. 引導孩子完成一個能夠輕易遵守的時間計畫表。
3. 所有活動都要訂出結束時間，讓孩子在這段時間內完成。
4. 讓孩子懂得「從重要的事開始著手」，一步一步實踐。
5. 引導孩子利用瑣碎與空檔的時間。

BI7130

猶太爸媽這樣教

培育孩子的 6 大未來能力，打造獨立思考、自主學習、善於合作的下一代

부모라면 놓쳐서는 안 될 유대인 교육법　평범한 아이도 미래 인재로 키우는 유대인 자녀교육 6가지 키워드

作者｜林志垠（임지은）
譯者｜蔡佩君
企劃選書．責任編輯｜韋孟岑
版權｜黃淑敏、吳亭儀、邱珮芸、劉鎔慈
行銷業務｜黃崇華、張媖茜
總編輯｜何宜珍
總經理｜彭之琬
發行人｜何飛鵬
法律顧問｜元禾法律事務所 王子文律師
出版｜商周出版
台北市 104 中山區民生東路二段 141 號 9 樓
電話｜(02) 2500-7008　傳真｜(02) 2500-7759
E-mail｜bwp.service@cite.com.tw
Blog｜http://bwp25007008.pixnet.net./blog
發行｜英屬蓋曼群島商家庭傳媒股份有限公司城邦分公司
台北市 104 中山區民生東路二段 141 號 2 樓
書虫客服專線｜(02) 2500-7718、(02) 2500-7719
服務時間｜週一至週五上午 09:30-12:00；下午 13:30-17:00
24 小時傳真專線｜(02) 2500-1990；(02) 2500-1991
劃撥帳號｜19863813　戶名｜書虫股份有限公司
讀者服務信箱｜service@readingclub.com.tw　城邦讀書花園｜www.cite.com.tw
香港發行所｜城邦（香港）出版集團有限公司
香港灣仔駱克道 193 號超商業中心 1 樓
電話｜(852) 25086231　傳真｜(852) 25789337
E-mail｜hkcite@biznetvigator.com
馬新發行所｜城邦（馬新）出版集團〔Cité (M) Sdn. Bhd〕
41, Jalan Radin Anum, Bandar Baru Sri Petaling, 57000 Kuala Lumpur, Malaysia.
電話｜(603) 90578822　傳真｜(603) 90576622　E-mail｜cite@cite.com.my
美術設計｜季曉彤
印刷｜卡樂彩色製版印刷有限公司
經銷商｜聯合發行股份有限公司　電話｜(02) 2917-8022　傳真｜(02) 2911-0053

國家圖書館出版品預行編目 (CIP) 資料

猶太爸媽這樣教：培育孩子的 6 大未來能力，打造獨立思考、自主學習、善於合作的下一代 / 林志垠著；蔡佩君譯. -- 初版. -- 臺北市：商周出版：英屬蓋曼群島商家庭傳媒股份有限公司城邦分公司發行，民 110.08

296 面；14.8*21 公分

譯自：부모라면 놓쳐서는 안 될 유대인 교육법 : 평범한 아이도 미래 인재로 키우는 유대인 자녀교육 6 가지 키워드

ISBN 978-626-7012-15-4(平裝)

1. 家庭教育 2. 親職教育 3. 猶太民族

○ 2021 年（民 110）08 月 05 日初版　○　定價 380 元　○　ISBN 978-626-7012-15-4（平裝）

부모라면 놓쳐서는 안될 유대인 교육법 / 임지은 지음
(Jewish Education by Ji Eun Lim)

Jewish
Education
Law

Jewish
Education
Law

Adversity Quotient Learning Power Memory Collaboration Economic Literacy Creativity